Communication

全国**信息通信专业**咨询工程师继续教育培训系列教材

丛书主编 张同须 侯士彦

信息通信市场业务预测与投资分析

颜海涛 陈勋 曾石麟 井长青 张晓波 杜春香
吴伟平 李晓飞 王俊陶 方辉 著

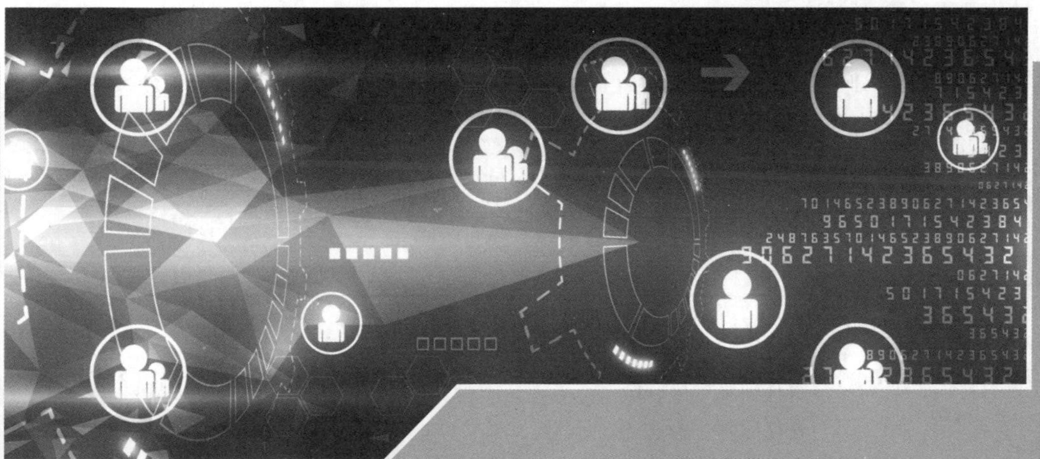

INFORMATION COMMUNICATION MARKET FORECAST, ANALYSIS AND ASSESSMENT

人民邮电出版社
北京

图书在版编目（CIP）数据

信息通信市场业务预测与投资分析 / 颜海涛等著
. -- 北京 : 人民邮电出版社, 2016.7
全国信息通信专业咨询工程师继续教育培训系列教材
ISBN 978-7-115-41809-8

Ⅰ. ①信… Ⅱ. ①颜… Ⅲ. ①通信－市场预测－中国－继续教育－教材②通信－投资分析－中国－继续教育－教材 Ⅳ. ①F632.3

中国版本图书馆CIP数据核字(2016)第089487号

内容提要

通信是国家实施“宽带中国”、国家信息化战略的重要基础设施。随着移动互联网、物联网、大数据、云计算等新技术的不断引入，通信业正向移动化、宽带化、融合化、泛在化方向演进。对信息通信市场与业务进行分析与需求预测，对信息通信建设项目进行工程经济分析及评估咨询是通信企业制定战略规划、企业发展规划、年度投资计划、网络建设可行性研究的基础，也是咨询人员从事通信企业管理咨询项目所必须掌握的基本内容。本书主要包括信息通信市场发展趋势分析、市场业务需求预测、通信企业经营绩效、通信建设项目经济评价、通信建设项目后评估等内容，重点讲解原则、思路及常用方法，并辅以部分案例进行阐述说明。

本书是全国信息通信专业咨询工程师继续教育培训系列教材的通信市场与投资分析部分，也可作为通信行业广大管理人员、技术人员及其他从业人员的参考学习资料。

◆ 著　　　颜海涛　陈　勋　曾石麟　井长青　张晓波
　　　　　杜春香　吴伟平　李晓飞　王俊陶　方　辉
责任编辑　牛晓敏
责任印制　彭志环

◆ 人民邮电出版社出版发行　　北京市丰台区成寿寺路 11 号
邮编　100164　　电子邮件　315@ptpress.com.cn
网址　http://www.ptpress.com.cn
固安县铭成印刷有限公司印刷

◆ 开本：700×1000　1/16
印张：9.5　　　　2016 年 7 月第 1 版
字数：191 千字　　　　2016 年 7 月河北第 1 次印刷

定价：49.00 元

读者服务热线：(010)81055488　印装质量热线：(010)81055316
反盗版热线：(010)81055315

全国信息通信专业咨询工程师继续教育培训系列教材

编 委 会

陈　勋　中国联通网络技术研究院规划部主任
《信息通信市场业务预测与投资分析》编写组副组长
曾石麟　广东省电信规划设计院有限公司北京分院技术总监
《信息通信市场业务预测与投资分析》编写组组长
沈艳涛　中国移动通信集团设计院有限公司有线所咨询设计总监
《光通信技术与应用》编写组副组长
王　云　广东省电信规划设计院有限公司综合通信咨询设计院副院长
《光通信技术与应用》编写组副组长
魏贤虎　江苏省邮电规划设计院有限责任公司网络通信规划设计院副院长
《光通信技术与应用》编写组副组长
陈崴嵬　中国联通网络技术研究院网优与网管技术研究部主任
《无线通信技术与网络规划实践》编写组副组长
曾沂粲　广东省电信规划设计院有限公司电信咨询设计院院长
《无线通信技术与网络规划实践》编写组副组长
单　刚　华信咨询设计研究院有限公司副总工程师
《无线通信技术与网络规划实践》编写组副组长
甘邵华　中讯邮电咨询设计院有限公司郑州分公司交换与信息部总工程师
《核心网架构与关键技术》编写组副组长
彭　宇　华信咨询设计研究院有限公司移动设计院副院长
《核心网架构与关键技术》编写组副组长
余永聪　广东省电信规划设计院有限公司电信咨询设计院总工程师
《核心网架构与关键技术》编写组副组长
丁亦志　中国移动通信集团设计院有限公司网络所高级咨询设计师
《数据与多媒体网络、系统与关键技术》编写组副组长
倪晓熔　中国移动通信集团设计院有限公司网络所资深专家
《IT 支撑系统与关键技术》编写组副组长
刘希禹　中讯邮电咨询设计院有限公司原电源处总工程师
《通信电源供电及节能技术》编写组副组长
程劲晖　广东省电信规划设计院有限公司建筑设计研究院副院长
《通信电源供电及节能技术》编写组副组长

序 言

作为曾在邮电通信战线战斗过的老兵，受通信信息专业委员会之邀为全国信息通信专业咨询工程师继续教育培训系列教材作序，欣然之情溢于言表。

2015 年 8 月，中国工程咨询协会启动了咨询工程师继续教育，这是工程咨询行业的一件大事，对于加强咨询工程师队伍建设，完善咨询工程师职业资格制度，促进工程咨询业健康可持续发展将发挥重要作用。

工程咨询是以技术为基础，综合运用多学科知识、工程实践经验、现代科学和管理方法，为经济社会发展、投资建设项目决策与实施全过程提供咨询和管理的智力服务。作为工程咨询的从业人员，咨询工程师需要具备广博、扎实的经济、社会、法律、技术、工程、管理等领域的理论知识和实践经验。随着我国经济社会的快速发展和改革开放的不断深入，国家及地方投资建设领域新的政策、法规、规范标准不断出台，工程咨询相关领域的新理论、新技术、新方法层出不穷，这些都要求咨询工程师努力适应日新月异的形势和市场变化，与时俱进，不断学习、掌握、了解各类新事物，为经济社会发展和各类投资主体提供更优质的、专业化的服务。

为配合行业继续教育的开展，中国工程咨询协会通信信息专业委员会以高度负责的精神，组织通信信息全行业的专家、精英，倾力编写出通信信息专业咨询工程师继续教育培训系列教材，内容全面、充实，反映了通信信息行业在技术、投资咨询等领域最新发展成果和未来发展趋势，对提高通信信息专业咨询工程师专业素质和能力必将起到积极作用。在此我对通信信息专委会和参与编写教材的专家学者表示衷心的感谢，对你们所取得的成果表示祝贺。

咨询工程师队伍的素质和能力，决定着工程咨询的质量和水平，以及工程咨询业在经济社会发展中的地位。希望全国广大咨询工程师牢固树立终身教育的理念，积极参加继续教育，不断提高自身素质和能力，努力把工程咨询业发展成为学习创新型行业，真正成为各级政府部门和各类投资主体的智库和参谋。

中国工程咨询协会会长

2016 年 1 月

前　言

为建立健全咨询工程师（投资）职业继续教育教材体系，满足通信专业咨询工程师参加继续教育的需要，受中国工程咨询协会委托，中国工程咨询协会通信信息专业委员会组织编写了全国信息通信专业咨询工程师继续教育培训系列教材。该教材作为通信行业咨询工程师继续教育的专业培训用书，为本行业咨询工程师参加继续教育培训提供了必要的帮助。

全国信息通信专业咨询工程师继续教育培训系列教材共分7册：《信息通信市场业务预测与投资分析》、《光通信技术与应用》、《数据与多媒体网络、系统与关键技术》、《核心网架构与关键技术》、《IT支撑系统与关键技术》、《无线通信技术与网络规划实践》、《通信电源供电及节能技术》。本系列教材丛书出自通信行业各类专家之手，既有较深入的技术探讨，也有作者多年的最佳实践总结。课程内容紧密结合了工程咨询业务的实际需要，从体现更新知识、提高职业素质和业务能力的原则出发，尽量使教材内容具有一定的前瞻性，突出了内容的新颖和实用，平衡了基础知识与新技术更新方面的内容比例，使课程内容做到与公共课程的衔接，避免了内容重复交叉，且结合本专业特点对公共课相关内容加以细化、深化和延伸。

本系列教材的编写从起草到修编历时6年，历经国家相关政策的多次调整，在行业专业委员会各委员单位和行业专家的积极推动和鼎力支持下，终于出版了。广大通信行业咨询设计从业人员藉此有了一个更便捷的学习平台。在此我们要感谢中国工程咨询协会和中国通信企业协会通信建设分会相关领导和同志们的关心与指导，还要特别感谢所有参编单位的大力支持！他们是：中国移动通信集团设计院有限公司、广东省电信规划设计院有限公司、中讯邮电咨询设计院有限公司、江苏省邮电规划设计院有限责任公司、华信咨询设计研究院有限公司。

为传播优秀经验，推广创新技术，我们与人民邮电出版社合作出版此系列教材，希望此教材能为行业从业人员在职业生涯发展上提供一定的帮助与支持，为我国信息通信行业的大发展做出更大的贡献！

再次感谢积极组织、参加教材编写的各位领导和专家，感谢您们长期以来对中国工程咨询协会通信信息专业委员会广大会员的支持与关爱。相信在大家的共同努力下，我国信息通信事业的发展会取得更大的进步！

张同须

中国移动通信集团设计院有限公司

中国工程咨询协会通信信息专业委员会

2016 年 1 月

目 录

上 篇

信息通信市场与业务发展

下 篇

通信企业经营绩效及工程经济

1

上 篇

信息通信市场与业务发展

第1章
我国信息通信市场发展现状及趋势分析

1.1 我国信息通信市场及业务发展现状

1.1.1 信息通信市场及业务飞速发展

信息通信市场包括基础电信市场和增值电信市场两部分。人们对综合化、个性化服务的需求，以及国家“营改增”政策的实施都推动了增值业务的发展，尤其近年来，互联网发展迅猛，信息通信市场产业价值向互联网业的流动速度加快，以互联网信息服务业为代表的电信增值业务对整个信息通信市场拉动作用愈发明显，加快了传统电信运营商向综合服务提供商的转型步伐，大力发展融合业务。两会期间，李克强总理提出“制定‘互联网 +’行动计划”，更是将发展互联网信息服务业推到一个新的高度，我国的信息通信市场及业务呈现飞速发展的态势。

据统计，2015 年电信业务收入完成 11251.4 亿元，按可比口径测算同比增长 0.8%，行业发展对话音业务的依赖大幅减弱，非话音业务收入占比由 2014 年的 58.2% 提高至 68.3%；移动数据及互联网业务收入占电信业务收入的比重从 2014 年的 23.5% 提高至 27.6%。移动宽带（3G/4G）用户加快发展，高速率宽带用户占比提升明显。移动宽带用户在移动用户中的渗透率达到60.1%，比2014年提高14.8%；8Mbit/s以上宽带用户占比达69.9%，光纤接入（FTTH/O）用户占宽带用户的比重突破50%。融合业务发展渐成规模，截至2015年12月末，IPTV用户达4589.5万户。2010—2015年话音业务和非话音业务收入占比变化如图1-1所示。

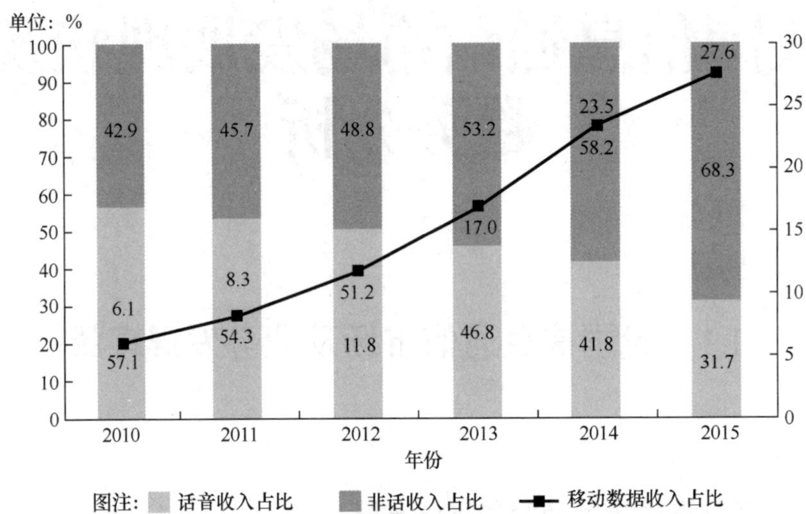

图1-1　2010—2015年话音业务和非话音业务收入占比变化情况

全国电话用户2015年净增121.1万户，总数达到15.37亿户，增长0.1%，比2014年回落2.5%。其中，移动电话用户净增1964.5万户，总数达13.06亿户，移动电话用户普及率达95.5部/百人，比2014年提高1部/百人。固定电话用户总数为2.31亿户，比2014年减少1843.4万户，普及率下降至16.9部/百人。

2015年，三家基础电信企业固定互联网宽带接入用户净增1288.8万户，总数达2.13亿户。宽带城市建设继续推动光纤接入的普及，光纤接入（FTTH/O）用户净增5140.8万户，总数达1.2亿户，占宽带用户总数的比重比2014年提高22%，达到56.1%。8Mbit/s以上、20Mbit/s以上宽带用户总数占宽带用户总数的比重分别达到69.9%、33.4%，比2014年提高29%、23%。城乡宽带用户发展差距依然较大，城市宽带用户净增1089.4万户，是农村宽带用户净增数的5.5倍。1949—2015年固定电话和移动电话用户发展如图1-2所示。

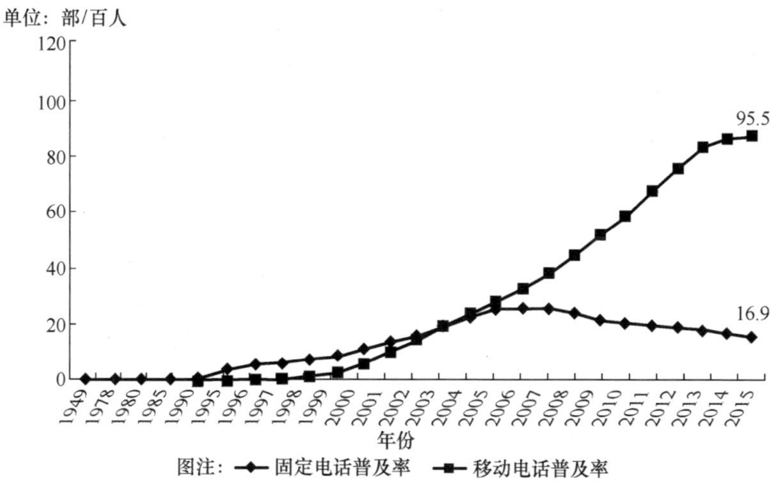

图 1-2　1949—2015 年固定电话和移动电话用户发展情况

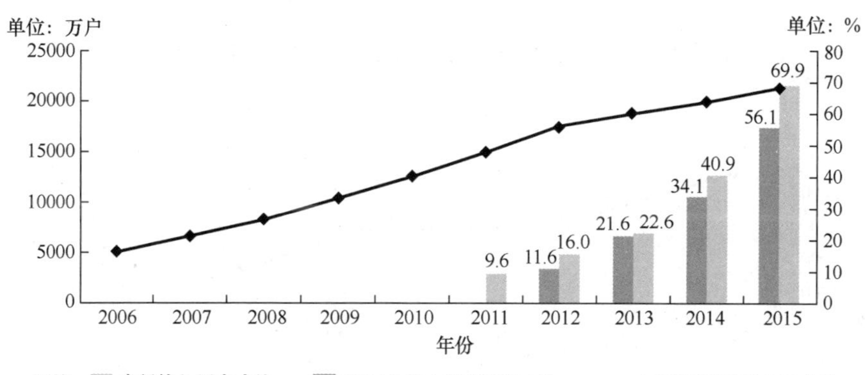

图 1-3　2006—2015 年互联网宽带接入用户发展和高速率用户占比情况

移动通信业务 2015 年实现收入 8307.6 亿元，按可比口径测算与 2014 年持平。移动通信业务收入占电信业务收入的比重达到 74.5%，比 2014 年下滑 0.7%。其中，话音业务收入在移动通信业务收入占比达到 37.97%，比 2014 年下降 12.7%。固定通信业务实现收入 2943.8 亿元，按可比口径测算同比增长 3.2%，其中固定话音业务收入在固定通信业务收入占比达到 13.9%，比 2014 年下降 2.1%。2006—2015 年互联网宽带接入用户发展和高速率用户占比如图 1-3 所示。

2015 年固定数据及互联网业务收入完成 1528.6 亿元，按可比口径测算同比增长 2.7%，比 2014 年下降 2.8%。移动数据及互联网业务收入完成 3101.9

亿元，按可比口径测算同比增长 30.9%，比 2014 年下降 10.9%。移动数据及互联网业务收入在电信业务收入中占比达到 27.6%，比 2014 年提高 4.1%。2010—2015 年电信收入结构（固定和移动）如图 1-4 所示。

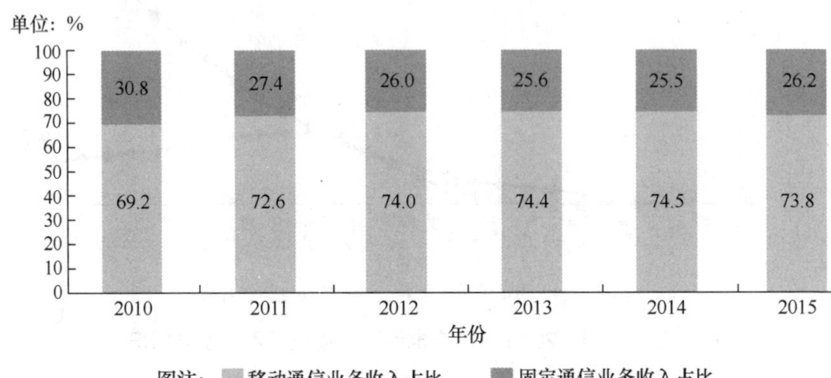

图 1-4　2010—2015 年电信收入结构（固定和移动）情况

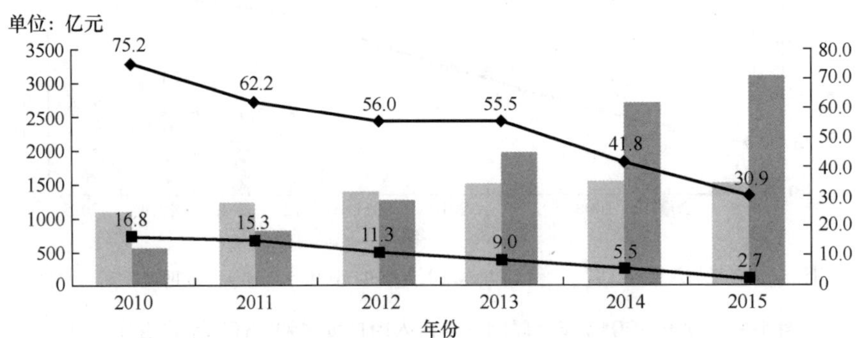

图 1-5　2010—2015 年固定与移动数据业务收入发展情况

2015 年，移动用户结构优化速度加快，2G 移动电话用户继续呈负增长，在移动电话用户中的比重降至 40% 以下。4G 用户发展迅速，渗透率进一步提升，4G 用户总数达到 38622.5 万户，在移动电话用户中的渗透率达到 29.6%。2010—2015 年固定与移动数据业务收入发展如图 1-5 所示。

2015 年，受移动电话用户增速明显放缓及互联网应用快速发展对话音和短信业务的替代双重影响，全国移动电话去话通话时长同比下滑 2.6%。2010—2015 年各制式移动电话用户发展如图 1-6 所示。2010—2015 年移动通话量和 MOU 值各年比较如图 1-7 所示。

微信等新型即时消息类应用对短信、彩信业务替代作用继续加强。2015 年，全国移动短信业务量同比下降 8.4%，降幅同比收窄 5.6%，业务收入同比下降 10.4%，收入规模同比减少 58.1 亿元。由移动用户主动发起的点对点短信量同比下降 22.7%，占移动短信业务量比重较 2014 年下降 7.1%。2010—2015 年移动短信量和点对点短信量各年比较如图 1-8 所示。

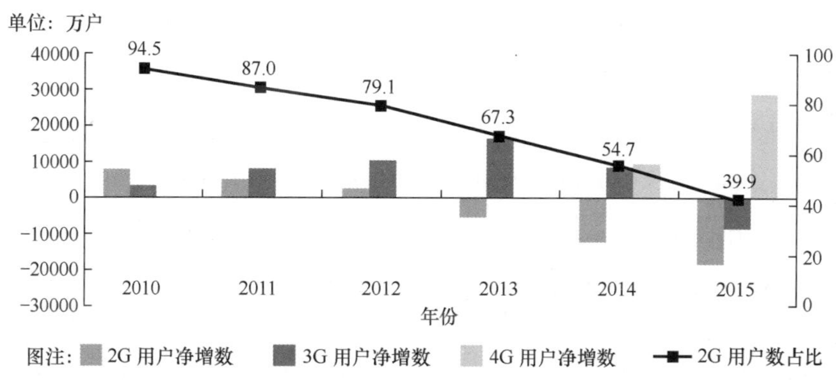

图 1-6　2010—2015 年各制式移动电话用户发展情况

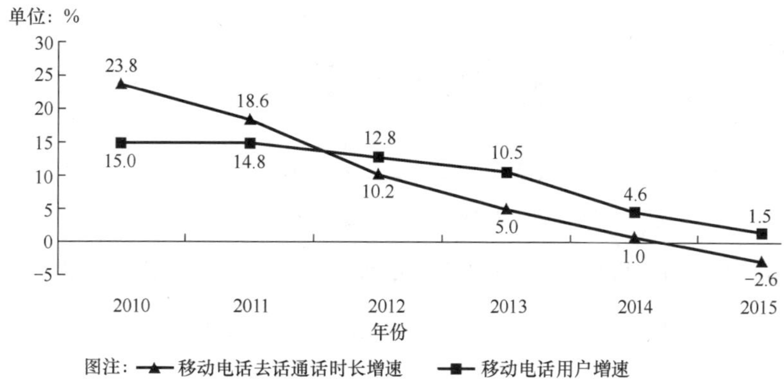

图 1-7　2010—2015 年移动通话量和移动电话用户同比增长各年比较

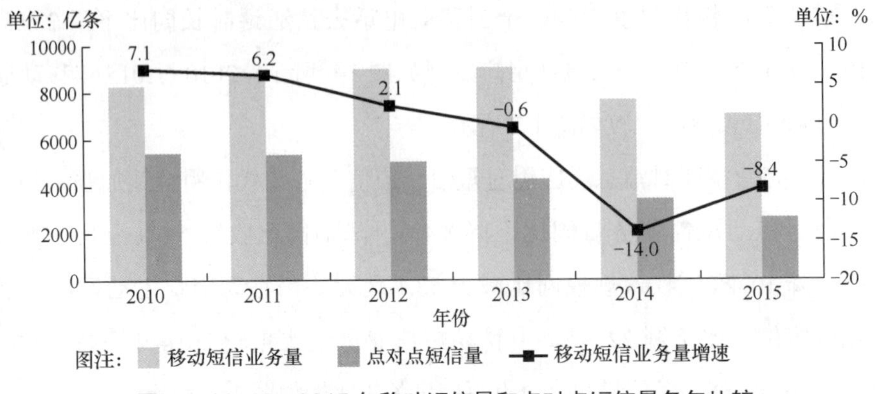

图 1-8 2010—2015 年移动短信量和点对点短信量各年比较

2015 年移动互联网流量高速增长，手机上网流量贡献近 90%。在 4G 用户大幅增长、套餐中流量资费持续下降等影响下，移动互联网接入流量消费同比增长 103%，比上年提高 40.1%。月户均移动互联网接入流量达到 389.3MB，同比增长 89.9%。手机上网流量同比增长 109.9%，在移动互联网总流量中的比重达到 89.8%，成为推动移动互联网流量高速增长的主要因素。2010—2015 年移动互联网流量发展如图 1-9 所示。

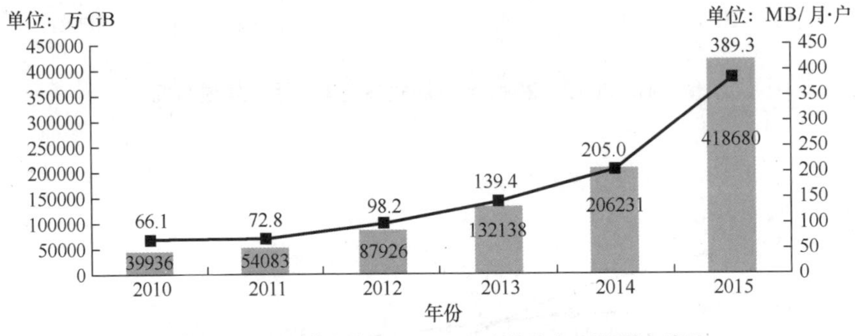

图 1-9 2010—2015 年移动互联网流量发展情况比较

2015 年，全国固定互联网使用量同期保持较快增长，固定宽带接入时长达 50.03 万亿分钟，同比增长 20.7%（数据来源：2015 年通信运营业统计公报）。

1.1.2　国家政策促进市场整体发展

1.1.2.1　加速信息消费

近年来，全球范围内信息技术创新不断加快，信息领域新产品、新服务、新业态大量涌现，不断激发新的消费需求，成为日益活跃的消费热点。

我国市场规模庞大，正处于居民消费升级和信息化、工业化、城镇化、农业现代化加快融合发展的阶段，信息消费具有良好的发展基础和巨大的发展潜力。

2013 年国务院下发《关于促进信息消费扩大内需的若干意见》，确定了信息消费的支柱产业地位，提出要以信息消费拉动中国经济和内需，自此“信息消费”成为经济发展的热点。同时工业和信息化部选出 68 个城市作为国家信息消费的试点，从 2014 年 1 月开始，截止到 2015 年 12 月，试点完成后将进行全国范围内的示范经验推广，促进信息消费产业的全面发展。根据国家统计局发布的数字，2014 年全年最终消费对 GDP 增长的贡献率达到 51.2%，成为拉动经济增长的主引擎，其中信息消费成为拉动国内消费的第一驱动力。2015 年 3 月 5 日，李克强总理在十二届全国人大三次会议的《政府工作报告》中明确提出“加快培育消费增长点。鼓励大众消费，控制‘三公’消费。促进养老家政健康消费，壮大信息消费……全面推进‘三网’融合，加快建设光纤网络，大幅提升宽带网络速率，发展物流快递，把以互联网为载体、线上线下互动的新兴消费搞得红红火火。”信息消费在 2015 年成为个性化、多样化消费的典型代表，促使深度应用不断优化，带动移动互联网继续高速发展。

自此国家在各个层面、各个领域，不断出台相关政策，加速信息消费的市场发展。

（1）新四化、十八大信息技术产业发展

随着信息技术的广泛应用和经济全球化的迅速发展，人类进入了以信息产业和新兴服务业为主导的网络经济时代。

党的十八大报告中提出“坚持走中国特色新型工业化、信息化、城镇化、农业现代化道路，推动信息化和工业化深度融合、工业化和城镇化良性互动、城镇化和农业现代化相互协调，促进工业化、信息化、城镇化、农业现代化同步发展”。

同时，强调“推进经济结构战略性调整，建设下一代信息基础设施。发展现代信息技术产业体系，健全信息安全保障体系，推进信息网络技术广泛运用”。

十八大报告中多次提及信息、信息化、信息网络、信息技术与信息安全，反映了党中央对发展信息技术的高度重视和认识的进一步深化，为我国大力发展信息通信技术提供政策保障。

（2）宽带中国战略

2012年5月4日，工业和信息化部推出《互联网行业“十二五”发展规划》，提出“实施宽带中国战略，综合利用光纤接入和宽带无线移动通信等手段，加速网络宽带化进程”。

2013年8月17日，国务院提出“宽带中国”战略实施方案，部署未来8年宽带发展目标及路径，意味着“宽带战略”从部门行动上升为国家战略，宽带首次成为国家战略性公共基础设施。

2014年，“宽带中国”战略的实施和4G网络的建设，提升了网络消费的便利性，助推网络消费增速高达49.7%，比社会消费品零售总额增速快37.7%，网络消费相当于社会消费品零售总额的10.6%。基于互联网的信息消费，已经成为我国居民消费中增速最快的领域。线上线下融合发展的O2O模式如火如荼，许多实体店探索网店、微店、团购等互联网模式，实现与消费者互动，为消费者提供更加便利的购物渠道。2015年，信息消费的增速和占比进一步提升，信息消费成为最重要的引擎。

在2015年2月26日召开的“宽带中国”2015专项行动动员部署电视电话会议上，工业和信息化部公布了“宽带中国”2015专项行动的主要引导目标，提出宽带网络能力、网速等实现跃升。2015年新增光纤到户覆盖家庭8000万户，新增1.4万个行政村通宽带，推动一批城市率先成为“全光网城市”，使4G网络覆盖县城和发达乡镇。此外，普及规模和网速还将提升，使用 8Mbit/s 及以上接入速率的宽带用户占比达到 55%，用户上网体验持续提升。有了良好的宽带基础，智能制造也将迎来全新发展，开启更多新的经济增长点。2015 年支撑 100 家规模以上工业企业探索智能工厂、智能装备和智能服务的新模式、新业态，支撑 1000 家工业及生产性服务企业的高宽带专线服务，促进工业互联网发展。

2015 年 5 月 16 日国务院出台的《关于加快高速宽带网络建设推进网络提速降费的指导意见》提出，加快高速宽带网络建设，加快推进全光纤网络城市和第四代移动通信（4G）网络建设。2015 年网络建设投资超过 4300 亿元，2016—2017 年累计投资不低于 7000 亿元。推进光纤到户进程，2015 年完成 4.5 万个铜缆接入小区的光纤化改造，新建光纤到户家庭超过 8000 万户。完善电信普遍服务，开展宽带乡村工程，加大农村和中西部地区宽带网络建设力度。2015 年新增 1.4 万个行政村通宽带，在 1 万个行政村实施光纤到村建设，着力缩小“数字鸿沟”。扩大移动通信覆盖范围，鼓励移动用户向 4G 迁移，提升移动宽带速率。2015 年年底，全国设区市城区和部分有条件的非设区市城区 80% 以上家庭具备 100Mbit/s 光纤接入能力，50% 以上设区市城区实现全光纤网络覆盖；直辖市、省会等主要城市宽带用户平均接入速率达到 20Mbit/s，其他设区市城区和非设区市城区宽带用户平均接入速率达到 10Mbit/s，鼓励有条件的地区推广 50Mbit/s、100Mbit/s 等高带宽接入服务；95% 以上的行政村通固定或移动宽带。建成 4G 基站超过 130 万个，实现乡镇以上地区网络深度覆盖，4G 用户超过 3 亿户。到 2017 年年底，全国所有设区市城区和大部分非设区市城区家庭具备 100Mbit/s 光纤接入能力，直辖市、省会城市等主要城市宽带用户平均接入速率超过 30Mbit/s，基本达到 2015 年发达国家的平均水平，其他设区市城区和非设区市城区宽带用户平均接入速率达到 20Mbit/s；80% 以上的行政村实现光纤到村，农村宽带家庭普及率大幅提升；4G 网络全面覆盖城市和农村，移动宽带人口普及率接近中等发达国家水平。

推动电信企业降低网费，电信企业要增强服务能力，多措并举，实现网络资费合理下降。鼓励电信企业积极承担社会责任，在网费明显偏高的城市开展宽带免费提速和降价活动，将具备网络条件的 4Mbit/s 以下铜缆用户接入速率免费提升到 4 ～ 8Mbit/s，下调百兆光纤接入网费，更多让利于民。引导和推动电信企业通过定向流量优惠、闲时流量赠送等多种方式降低流量资费水平，提升性价比。鼓励电信企业推出流量不清零、流量转赠、套餐匹配等服务，指导电信企业完善流量提醒服务，让广大用户用得安心、实惠。鼓励电信企业向社会发布网络提速降费方案计划，并进一步完善具体办法。

我国已经全面进入信息化社会，作为最重要的信息基础设施，宽带支撑着物联网、云计算等高新技术产业的发展。把宽带发展作为国家战略，提升发展“科技含量”，有助于我国在世界竞争中处于有利地位。

（3） 4G 牌照发放

2013 年 12 月 4 日工业和信息化部向中国电信、中国移动和中国联通三家运营商发放 TD-LTE 4G 牌照；2015 年 2 月 27 日，中国电信和中国联通获得 FDD 4G 牌照，我国正式全面迈进 4G 时代。智能手机将渗入到人们工作、生活的每一个细分领域，数据使用量从 M 时代进入 G 时代，带动信息消费的高速增长。

（4）智慧城市

智慧城市建设以先进的信息技术为支撑，是信息投资和消费的重要领域，建设智慧城市是扩大信息消费和投资需求的有效手段。

2014 年 3 月，中共中央国务院提出《国家新型城镇化规划（2014—2020 年）》，明确“推进智慧城市建设”，第一次将智慧城市纳入国家级战略规划，代表“智慧城市”建设正式成为国家行为。

2014 年 8 月 22 日，住建部、科技部提出《开展国家智慧城市 2014 年试点申报工作的通知》。

2014 年 8 月 29 日，经国务院同意，八部委印发《关于促进智慧城市健康发展的指导意见》，要求各地区、各有关部门落实本指导意见提出的各项任务，确保智慧城市建设健康有序推进。

2015 年全国“两会”政府工作报告中明确提出，提升城镇规划建设水平，发展智慧城市。

以智慧城市建设为重点，通过不断创新研发、推广各领域的信息化智慧应用，创造引导更多的消费需求，扩大信息消费领域。

（5）互联网 +

在 2015 年 3 月 5 日十二届全国人大三次会议上，李克强总理在政府工作报告中首次提出“互联网 +”行动计划，制定“互联网 +”行动计划，推动移动互联网、云计算、大数据、物联网等与现代制造业结合，促进电子商务、工业互联网和互联网金融健康发展，引导互联网企业拓展国际市场。“互联网 +”代表一种新的经济形态，即充分发挥互联网在生产要素配置中的优化和集成作用，将互联网的创新成果深度融合于经济社会各领域之中，提升实体经济的创新力和生产力，形成更广泛的以互联网为基础设施和实现工具的经济发展新形态。李克强总理在政府工作报告中首次提出的“互联网 +”实际上是创新 2.0 下互联网发展新形态、新业态，是知识社会创新 2.0 推动下互联网形态的演进。随着知识社会的来临，驱动当今社会变革的不仅仅是无所不在的网络，还有无所不在的计算、无所不在的数据、无所不在的知识。“互联网 +”不仅是互联网移动、泛在、应用于某个传统行业，更加入了无所不在的计算、数据、知识，造就了无所不在的创新，推动知识社会以用户创新、开放创新、大众创新、协同创新为特点的创新 2.0，改变了人们的生产、工作、生活方式，也引领了创新驱动发展的“新常态”。

1.1.2.2　促进竞争格局

（1）“686 号文件”解禁

2013 年 12 月，工业和信息化部解除了对中国移动经营固定业务的限制，允许其进入固定宽带网络市场。这意味着禁锢中国移动近 4 年的工业和信息化部“686 号文件”正式取消。中国移动获得固网牌照是行业发展大势所趋，也冲击了中国联通和中国电信在宽带市场上的绝对支配地位，为我国的宽带市场竞争带来新的动力，并助力国家“宽带中国”战略的推进落实。

（2）号码可携带

2006年信息产业部提出《关于保障移动电话用户资费方案选择权的通知》，提出在同一移动电话归属地内，运营商应保证本企业同一网络的原有用户在不改变号码的情况下，可以自主选择所有资费方案。

2010年11月，工业和信息化部在天津、海南组织开展了号码携带试验。天津实行双向携转、海南实行单向携转政策。2013年启动号码携带扩大试验工作，一是推动海南号码携带试验由单向携转调整为双向携转；二是将江西、湖北、云南三省纳入号码携带试验范围。

从海外运营商经验看，携号转网能够提升用户满意度，并且对于促进资费下调有明显效果，但由于我国用户手机号码已经和多种业务绑定，用户携号转网后发现，此前注册的银行、证券等重要信息，无法再正常获取，必须逐一重新申请和审批，这在事实上增大了整体社会成本，也导致部分转网用户再次转回到原先的运营商网络。此外，和国际市场明显区别的是，我国手机用户对于双卡手机的使用，已经较为能够接受，这也使得通过携号转网获得更好的资费政策意义降低。携号转网的业务流程复杂、用户感知不够好，也成为实际试点的重要问题之一。

号码携带政策因其将更多的选择权提供给用户，允许用户在多运营商之间自由转移，一度在全球范围内成为运营商市场充分竞争的标志性政策。然而，随着移动互联网的发展，尤其是微信等OTT业务的兴盛，通信市场的竞争不再表现为运营商之间的竞争，而是包括运营商、移动互联网业务提供商乃至虚拟运营商在内的全范围角逐。随着工业和信息化部在中国推进移动通信转售业务，虚拟运营商市场将在未来数年内蓬勃发展。尤其是脱离具体运营商网络的微信业务，已经拥有几亿用户，用户通过使用该类OTT数据业务，在事实上已经大幅减少通信费用支出。在国内，随着4G时代的到来，近几年来移动通信业务资费的下调速度之快，甚至已经超过国外运营商通过号码携带政策实现的资费下调速度。在此前提下，号码携带政策的意义及其作用都大大降低。

（3）广电经营许可

2014 年 5 月，中国广播电视网络有限公司正式挂牌成立，逐渐将全国有线电视网络整合为统一的市场主体。2015 年 3 月，广电网络公司接连发布公告，贵州广电、陕西广电、歌华有线、重庆有线、湖北广电获得电信业务的经营许可。越来越多的广电企业进入到电信市场，中国广播电视网络有限公司有望成为继中国移动、中国联通、中国电信之后的第四大运营商，触及新的信息通信领域。

按照规划，中国广播电视网络有限公司成立后将整合全国有线电视网络为统一的市场主体，并赋予其宽带网络运营等业务资质，成为继中国移动、中国电信、中国联通后的“第四运营商”，同时也是广电系“三网融合”的推进主体。中国广播电视网络有限公司将首先针对缺乏资金实力的中西部有线网络运营商通过行政手段加以整合，最后再通过市场手段整合那些已经上市的广电网络公司。

中国三网融合试点工作主体之一的国家级有线电视网络公司——中国广播电视网络有限公司，作为我国有线电视网络的市场主体参与三网融合竞争，利于行业长远发展。

（4）虚拟运营商

虚拟运营商（Virtual Network Operator，VNO），是指拥有某种或者某几种能力（如技术能力、设备供应能力、市场能力等）与电信运营商在某项业务或者某几项业务上形成合作关系的合作伙伴，电信运营商按照一定的利益分成比例，把业务交给虚拟运营商去发展，其自身则腾出力量去做最重要的工作，同时电信运营商自己也在直接发展用户。

虚拟运营商就像是代理商，他们从中国移动、中国联通、中国电信三大基础运营商那里承包一部分通信网络的使用权，然后通过自己的计费系统、客服号、营销和管理体系把通信服务卖给消费者。

自 2013 年 12 月至 2014 年 12 月，工业和信息化部分 5 批向 41 家企业发放移动通信转售业务试点批文，具体见表 1-1。比较典型的虚拟运营商有苏宁、国美、百度、阿里巴巴、京东、小米等，涉及多个行业。

表 1-1　虚拟运营商名单

批次	公司名称
2013.12.26 第一批 11 家	巴士在线控股有限公司
	北京北纬通信科技股份有限公司
	北京迪信通通信服务有限公司
	北京分享在线网络技术有限公司
	北京华翔联信科技有限公司
	北京京东叁佰陆拾度电子商务有限公司
	北京乐语世纪通讯设备连锁有限公司
	北京万网志成科技有限公司
	天音通信有限公司
	话机世界数码连锁集团股份有限公司
	浙江连连科技有限公司
2014.1.29 第二批 8 家	苏州蜗牛数字科技股份有限公司
	中期集团有限公司
	北京国美电器有限公司
	厦门三五互联科技股份有限公司
	深圳市爱施德股份有限公司
	远特（北京）通信技术有限公司
	长江时代通信股份有限公司
	苏宁云商集团股份有限公司
2014.8.25 第三批 6 家	朗玛信息
	中兴视通
	畅捷通（用友）
	世纪互联
	银盛电子
	中邮世纪

（续表）

2014.11.21 第四批 8 家	红豆集团有限公司（红豆集团）
	深圳星美圣典文化传媒集团有限公司（星美影院）
	合一信息技术（北京）有限公司（优酷视频）
	青岛日日顺网络科技有限公司（海尔）
	北京青牛科技有限公司（青牛软件）
	小米科技
	郑州市讯捷贸易有限公司（富士康）
	二六三网络通信股份有限公司（263）
2014.12.18 第五批 8 家	海南海航信息技术有限公司
	鹏博士电信传媒集团股份有限公司
	北京联想调频科技有限公司
	民生电子商务有限责任公司
	深圳平安通信科技有限公司
	凤凰资产管理有限公司
	青岛丰信通信有限公司
	广东恒大和通信科技股份有限公司

虚拟运营商时代的到来，推动电信行业深化发展，推动电信消费能力层次的提升，对电信行业的发展产生深刻的影响。虚拟运营商对电信行业产生的积极作用和深刻影响体现在八大方面：① 改变电信行业的竞争格局；② 提升电信行业的竞争能力；③ 加大电信行业的双赢合作；④ 促进电信客户时代的到来；⑤ 深化电信行业的转型发展；⑥ 推动电信 4G 的业务发展；⑦ 提升电信行业的创新能力；⑧ 改变电信行业的盈利模式。

（5）引入民资

2010 年《国务院关于鼓励和引导民间投资健康发展的若干意见》中提出，“鼓励民间资本参与电信建设；鼓励民间资本以参股方式进入基础电信运营市场；支持民间资本开展增值电信业务；加强对电信领域垄断和不正当竞争行为的监管，促进公平竞争，推动资源共享”。2012 年工业和信息化部《工业和信息化部关于鼓励和引导民间资本进一步进入电信业的实施意见》中，给出了包括移动通信转售业务、网络托管业务、增值电信业务、接入网业务试点和用户驻地网业务等在内的多个鼓励和引导民间资本进入的领域。

2013 年 11 月《中共中央关于全面深化改革若干重大问题的决定》提出，积极发展混合所有制经济。混合所有制是基本经济制度的重要实现形式，明确了国有资本继续控股经营的自然垄断行业的改革，意味着通信行业探索混合所有制的步伐加快。

2014 年 5 月，中国电信表示，将率先向外部资本开放四大新兴业务板块，其中包括以移动社交软件易信为核心的移动社交业务、以天翼创投为平台的创投业务、互联网业务以及信息服务业务。同年 8 月，中国移动透露，加速推进新媒体领域音乐、阅读、游戏、动漫、视频 5 个内容型业务基地的公司化改革，整合资源，引入民间资本，成立新媒体公司。同时，中国联通也表示在创新业务和增值业务领域推进混合所有制改革，并承诺在 2015 年公布业绩的时候迈出实实在在的一步。

三大运营商积极推进混合所有制改革，引入民间资本，加快“去电信化”的步伐，提高了市场竞争力。混合所有制改革为新公司带入互联网行业基因，并提供资源和业务上的协同，更好地适应互联网高速发展下的竞争环境。

1.1.2.3 运营模式不断优化

（1）中国铁塔股份有限公司成立

中国铁塔股份有限公司于 2014 年 7 月正式挂牌成立。中国铁塔股份有限公司的成立，有利于减少电信行业内铁塔以及相关基础设施的重复建设，提高行业投资效率，进一步提高电信基础设施共建共享水平，缓解企业选址难的问题，增强企业集约型发展的内生动力，从机制上进一步促进节约资源和环境保护。

公司经营范围包括铁塔建设、维护、运营；基站机房、电源、空调配套设施和室内分布系统的建设、维护、运营及基站设备的维护。在定价上，铁塔公司采取“三低一保”策略，即铁塔公司价格租赁低于国际同类公司，低于当下市场公共价格，低于三家互联互通、共建共享的价格，但要保证能够覆盖成本。

中国移动、中国联通和中国电信三大运营商共同签署《发起人协议》，分别出资 40.0 亿元、30.1 亿元和 29.9 亿元，在中国铁塔股份有限公司中各持有 40.0%、30.1% 和 29.9% 的股权。

中国铁塔股份有限公司在 2015 年工作会议上提出，要深入贯彻落实党的十八大和十八届三中、四中全会精神，全力担负新建责任，显著提升共享水平，圆满完成存量资产的清查评估和平稳注入。充分借鉴互联网管理模式，以开拓创新的思维和务实高效的作风，以利益客户的宗旨和成就员工的责任，竭诚满足客户需求。全面提升运营能力，为建设国际一流的信息通信基础设施服务企业奠定坚实基础，努力把公司建设成为国有企业深化改革的一面旗帜。

2015 年主要工作是满足运营商新建铁塔需求，全面完成存量资产的平稳注入和民间资本的引入工作，兼顾存量的整合挖潜，兼顾新建基站的现代化管理手段建设（构建代维管理、日常运维管理、发电能力等）。2016 年主要是存量整合深度挖潜，服务质量全面提升，兼顾多元化业务拓展。2017 年主要是实现上市工作的全面开展、发展能力的全面提升、业务领域的深度拓展，公司由管理协调型向自我运营型转变。

（2）营改增、压降营销费用

为进一步完善税制，释放改革红利，经国务院批准，财政部和国家税务总局于 2014 年 4 月 30 日印发《关于将电信业纳入营业税改征增值税试点的通知》，明确从 2014 年 6 月 1 日起，将电信业纳入营改增试点范围，实行差异化税率，基础电信服务和增值电信服务分别采用 11% 和 6% 的税率，为境外单位提供电信业服务免征增值税。

基础电信服务，是指利用固网、移动网、卫星、互联网，提供语音通话服务的业务活动，以及出租或者出售带宽、波长等网络元素的业务活动。增值电信服务是指利用固网、移动网、卫星、互联网、有线电视网络，提供短信和彩信服务、电子数据和信息的传输及应用服务、互联网接入服务等业务活动。卫星电视信号落地转接服务，按照增值电信服务计算缴纳增值税。纳税人提供电信业服务时，附带赠送用户识别卡、电信终端等货物或者电信业服务的，应将其取得的全部价款和价外费用进行分别核算，按各自适用的税率计算缴纳增值税。中国移动、中国联通、中国电信及其成员单位通过手机短信公益特服号为公益性机构提供捐款服务，以其取得的全部价款和价外费用，扣除支付给公益性机构捐款后的余额为销售额。境内单位和个人向中华人民共和国境外单位提供电信业服务，免征增值税。以积分兑换形式赠送的电信业服务，不征收增值税。在2015年12月31日以前，境内单位中一般纳税人通过卫星提供的语音通话服务、电子数据和信息传输服务，可以选择按照简易计税方法计算缴纳增值税。

改革实施后，营业税制中的邮电通信业税目将相应停止执行。通知要求，各地要加强对试点工作的组织领导、周密安排、明确责任，确保改革的平稳顺利进行。电信业是重要的生产性服务业，将其纳入营改增试点，有利于进一步完善增值税抵扣链条，增加下游企业进项税抵扣，让更多的企业享受改革红利。

营改增后电信业税率增加数倍，对运营商利润造成巨大压力，导致企业压降营销费用。同时，营改增将有利于电信企业完善自身营销计划以及改变商业模式，改变目前粗放的业务模式，转而采取精细化运营策略。

1.1.3 信息通信市场格局发生巨变

随着“互联网+”时代的到来，通信市场的格局发生巨大变化，竞争主体纷纷向价值链上下游渗透，跨界发展，市场竞争越发激烈。

1.1.3.1 基础电信运营商

（1）传统电信运营商

传统电信运营商在4G、宽带、移动互联网等领域的竞争进一步加剧。首先，为改变3G落后的局面，中国移动强势铺路4G，而FDD牌照较LTE牌照推迟一年多发放，使3G时代“三足鼎立”变为4G时代“一家独大”。

同时“宽带中国”战略推动工业和信息化部解禁中国移动固网业务经营，随后虚拟运营商牌照发放、民间资本进入电信市场、“互联网 +”时代的到来，使基础电信运营商的定位面临重新抉择。

此外，以微信为代表的 OTT 业务给运营商带来了直接且快速的冲击，运营商的传统业务市场不断被蚕食，而且 OTT 业务在增加运营商的网络资源压力的同时还增大了运营商对用户的管理难度，用户倾向 OTT 业务，对运营商的黏性大大降低。

为巩固市场地位，顺应市场发展，运营商也积极开展移动互联业务，中国移动的飞信业务曾风靡一时，2013 年中国电信联合网易推出的易信业务曾被视为微信最大的挑战者。

（2）中国广电

2014 年 5 月，中国广电网络挂牌，广电借三网融合、“宽带中国”战略正式向宽带互联网接入市场渗透。

（3） MVNO

2012 年 6 月出台《关于鼓励和引导民间资本进一步进入电信业的实施意见》，鼓励民间资本进入移动通信转售业务、接入网和驻地网业务、增值业务等八大领域。传统电信运营商的基础业务领域对民间资本开放，将深刻影响电信业的未来格局。

2014 年 5 月中国移动公布 17 家虚拟运营商合作名单，与三大运营商合作的移动虚拟运营商共计 26 家，开启 MVNO（移动虚拟网络运营）时代。

1.1.3.2　增值电信业（含互联网信息服务业）企业

（1）获得增值电信业务许可证的企业

电信业务分基础电信业务和增值电信业务。基础电信业务指提供公共网络基础设施、公共数据传送和基本语音通信服务的业务；增值电信业务指利用公共网络基础设施提供电信与信息服务的业务。

增值电信业务经营许可证是指利用公共网络基础设施提供电信与信息服

务的业务许可证。国家对电信业务经营实行许可制度，经营电信业务，必须依照规定取得国务院信息产业主管部门或者省、自治区、直辖市电信管理机构颁发的电信业务经营许可证。未取得电信业务经营许可证，任何组织或个人不得从事电信业务经营活动。

申请经营增值电信业务的，应当符合《中华人民共和国电信条例》第十三条的规定和下列条件。

（一）在省、自治区、直辖市范围内经营的，其注册资本最低限额为100万元；在全国或跨省、自治区、直辖市范围内经营的，其注册资本最低限额为1000万元；

（二）有可行性研究报告和相关技术方案；

（三）有必要的场地和设施；

（四）未发生过重大违法行为。

（2）互联网公司

以BAT为代表的互联网公司努力寻找下一个“风口”催生跨界融合，在新的发展阶段，大的互联网公司逐渐转变原有的以“我”位置为中心的思维模式，在与其他各行业融合的过程中让别人更强大，让自己更开放，追求合作共赢。

- 百度

百度是全球最大的中文搜索引擎、最大的中文网站，利用其在互联网中的优势地位，近年来，不断推进跨界融合，与此同时逐渐向移动业务转型。

2013年百度地图推出位置共享功能，通过短信或微信邀请好友加入，即可随时掌握朋友动向，并可实现多人会话；百度LBS开放平台的定位、地图等服务覆盖包括滴滴打车、快的打车、易到专车等在内的各大主流打车类APP。

2014年12月百度与美国Uber公司签署战略合作及投资协议，正式加入商务打车应用软件竞争市场。此外，直达号、百度钱包、百度金融等都显示出百度在围绕连接人与服务战略而展开移动业务转型中取得了一定的成就。

2014 年盛传百度将控股携程，如果控股成功，百度未来将基于携程和去哪儿的平台，通过更多的资本运作方式，拓展在线旅游市场的份额，这也必将引发整个行业更为激烈的争夺。

2014 年春运期间，百度通过对百度地图 LBS 开放平台每天响应 100 亿次定位请求数据的挖掘分析，推出“百度迁徙”，并将其用于与央视的跨界合作，共同推出系列大数据新闻报道，开启“数据新闻元年”。

2015 年 1 月 27 日，百度推出国内首款跨平台车联网解决方案 CarLife，打造全新的车联网领导品牌。汽车端 Linux、QNX 及 Android 都可完美适配，用户端支持 Android 和 iOS 智能操作系统，能够覆盖 95% 以上的智能手机用户。国内三大汽车厂商奥迪、现代、上海通用都与百度签订了车联网方面的战略合作协议，再次成功开展跨界合作。

- 阿里巴巴

阿里巴巴集团经营多个网上及移动交易平台，旗下拥有包括淘宝、支付宝、阿里妈妈、阿里云、聚划算等在内的 11 家公司。近年来，为了突破纯平台业务的局限性，阿里围绕 O2O 及物流开展线下投资，实现从平台电商向多元化电商延伸。

2013 年 5 月阿里联合银泰、复星、富春，以及顺丰、申通、圆通、中通、韵达组建物流公司菜鸟网络，搭建“中国智能骨干网”，意在实现互联网信息技术和传统实体经济完美融合。同时，阿里投资海尔电器旗下日日顺物流，实现大家电、家居商品的落地配送，解决第三方物流的薄弱环节。阿里集团跨界物流业，把握住 O2O 最后一公里的重要一环，为其试水 O2O 打下基础。

2014 年 4 月阿里对银泰商业进行跨界投资，组建合资公司，打造 O2O 商业基础设施体系，实现与实体业务的结合，将海量的线上客户导向线下，形成线上线下融合的闭环。

此外，阿里集团通过“智能 TV 操作系统”打开智能家居市场；与几十家三甲医院达成合作推进“未来医院”战略，进军智慧医疗，打造属于自己的移动医疗产业生态圈；相继与海南、浙江、贵州等6省达成云计算和大数据领域的合作，帮助其逐渐迈入智慧城市建设领域。包括易华录在内的两A股上市公司看中阿里云在智慧城市市场的巨大空间，与阿里达成合作，更是加速了其在智慧城市建设方面攻城略地的步伐。

- 腾讯

腾讯已形成即时通信业务、网络媒体、无线互联网增值业务、互动娱乐业务、互联网增值业务、电子商务和广告业务七大业务体系，并初步形成“一站式”在线生活的战略布局。

在通过微信成功跨界即时通信业，成为三大运营商最强劲的对手后，腾讯与中国联通展开了跨界合作，共同推出“微信沃卡”。

同时微信支付在移动支付市场发展迅速，截至2014年10月，易迅网购的用户，选择微信支付的订单金额突破亿元。不到三个月的时间，微信支付订单额已经占到易迅订单总额的5%以上，“双十一”当天微信和易迅合作的“微信卖场”的成交超过8万单，占易迅全站的13%。

2014年5月5日，腾讯在北京召开的“全球移动互联网大会（GMIC）”上推出腾讯路宝APP+路宝盒子，并携手中国人保、壳牌两家巨头共同宣布成立了“i车生活平台”，为车主提供一站式汽车生活服务。由此，腾讯路宝APP+路宝盒子成为腾讯试水车联网的首个落地产品。

互联网巨头公司不断把触角延伸至其他行业，频繁跨界，积极推进行业融合，追求合作共赢，以期在激烈的竞争中立于不败之地。

（3）其他ICT企业

苹果公司跨界新能源，2015年2月10日，全球最大的太阳能设备制造商第一太阳能（First Solar Inc.）宣布与苹果公司达成协议，苹果公司承诺在25年内以8.48亿美元购买该公司利用太阳能提供的电力。此外，一直有消息称苹果正在学习制造具备自动驾驶技术的电动车，并且正在与汽车制造商和供应商商讨相关问题，或推出智能汽车。

华为公司积极研发可穿戴设备，2015年3月，在世界移动通信大会开幕前发布三款新的可穿戴产品，智能手表（Huawei Watch）、智能手环（TalkBand B2）以及智能音乐运动耳机（TalkBand N1）。

作为照明领域的龙头企业，2014 年 3 月，飞利浦公司推出的个人无线智能照明系统 HUE 正式进入中国，以其优势产品成功打入智能家居市场。

为保证长足发展，信息通信市场中的各竞争主体都在不断拓展自己的业务范围，寻找新的利润增长点，顺应互联网高速发展带来的行业融合大潮。

1.2　我国信息通信市场发展趋势

1.2.1　互联网服务收入占比持续提升

近年来，互联网服务收入在信息通信收入中的占比不断提升，2010 年接近 21%，2013 年超过 40%。未来，信息通信市场增长稳定，互联网继续高歌猛进，收入占比将接近甚至超过 50%，与非互联网服务收入平分春色之势强劲。

1.2.2　民间资本引入拉动新一轮发展

在移动互联网时代，信息通信业的竞争将呈现新的变化。自 2013 年 12 月开始，工业和信息化部先后发放了 41 张虚拟运营商牌照，大量民营企业进入电信业，开启了 25 个领域的“移动互联网入口”之争。未来，推进民资进入电信业的速度加快。随着新竞争主体的进入，信息通信产业引入新的竞争方式，势必拉动信息通信业新一轮发展。

1.2.3 传统电信运营商向信息服务转型

1.2.3.1 中国移动

中国移动提出转变发展方式，为消费群体“量身”提供信息服务。逐步实现多重转变，“转型为全方位信息化服务商”：从提供单一通信服务到提供综合信息服务、从人际通信网络建设到“物联网建设”、从扩大城乡信息化覆盖面到构建“无线城市群”的跨越。

中国移动2015年工作会议进一步提出全面贯彻落实党的十八大、十八届三中、四中全会以及中央经济工作会议精神，准确把握三条增长曲线的发展规律，坚持发展质量和效益，全面推进创业布局、创新发展和转型突破，不断扩大4G领先优势，积极培育数字化服务，深入推进体制机制改革，开创移动互联网时代持续健康发展新局面，并指出中国移动已走到非常关键的十字路口。传统话音进入加速衰退期，流量经营迎来黄金期，数字化服务推进面临窗口期，改革创新处于攻坚期，这是公司发展的新常态。要将工作重心从资源投入转向能力提升，把数量优势转换成质量优势，把先发优势转化为领先优势。要扩大4G发展成果和巩固领先优势，第一要打造4G精品网络，深入推进4G与2G/3G/WLAN在网络、市场上的协同。第二要以扩大4G用户规模为抓手，进一步提升营销能力，加快2G/3G客户向4G转化。第三要注重降本增效，提升发展质量和效益。要有保有压，把资源聚焦到4G发展、流量经营等核心工作上，严格压缩非生产性支出。要加快第三条增长曲线的布局与发展。话音业务、流量业务和数字化服务是运营商的三条增长曲线。奚国华指出，培育第三条增长曲线、拓展数字化服务关乎公司的未来。“价值链中利润最丰厚的部分开始转向数字化服务。”要用互联网的思维发展互联网业务，在移动互联网领域只有第一，没有第二，跟随没有出路，要发挥比较优势实现突破发展。要着力解决影响拓展数字化服务的观念障碍和关键问题，加快重点领域的发展和布局，在内容和应用、融合通信、电商等业务领域加快发展。

1.2.3.2　中国电信

中国电信在 2004 年就开始提出，未来不仅仅关注语音通信，更多的要关注数据中心，除了关注数据本身，更多的会向 ICT 领域变革。不仅提供通信的基础服务，还提供了通信和 IT 的结合服务，未来 IT 和通信结合在一起，改变服务的形态。中国电信已经在细分行业转型，不管是面向政府政务的信息化，面向企业的信息化，还是面向社会化服务的社会信息化。中国电信从仅仅提供通信服务，更多的细分到提供行业的信息化应用，提供行业细分的一些服务。在智能化的移动互联时代，通信对民生、社会和城市发展带来的助力不可小觑。中国电信积极加速服务转型，创新智能客服模式，同时建立全面服务质量管理体系，多管齐下保障信息安全，给用户带来便捷高效的通信服务。

中国电信 2015 年工作会议进一步提出要充分估计到挑战和压力，做好充足的思想准备，又要牢牢把握难得的机遇，充分运用有利的条件，增强发展信心。要按照“新三者”战略和“一去两化”要求，以改革为动力，推动企业互联网化转型取得新的突破。一要持续推进全面深化改革，进一步激发创新创业活力；二要加快互联网化转型，为企业发展注入新的基因；三要发扬钉钉子精神，推动集团战略落到实处。要深入贯彻党的十八届三中、四中全会、中央经济工作会议精神，坚持“一去两化新三者”，以差异化为主线，进一步转变发展方式、创新体制机制，把全面深化改革和互联网化转型的重点工作做深、做细、做实、做透，推动企业规模和效益双提升。要抓好 5 方面工作：一是转变发展模式，加快规模发展；二是突破重点产品，塑造差异化竞争优势；三是推进互联网化转型，提升企业集约运营能力；四是全面深化改革，激发组织人员活力；五是做好支撑保障，积极践行政治责任和社会责任。

1.2.3.3　中国联通

以家庭应用为代表的互联网产品和服务正在成为新的行业热点，中国联通依托网络资源，利用云计算、大数据等信息技术，为家庭客户提供全网络、全终端、全业务的服务。“智慧沃家”标志着中国联通从全业务经营向客户价值经营的创新转型。

中国联通2015年工作会议进一步提出将深化实施“移动宽带领先与一体化创新”战略，坚持以提质增效为中心，着力加快转型发展，着力推进改革攻坚，着力强化反腐倡廉，全面增强企业基础能力、内生动力和差异化竞争力，开创中国联通持续快速健康发展新局面。一是全面落实目标网规划，加快形成4G时代新的核心竞争力。二是加快重点业务发展，全面推进经营模式转型。严格落实用户实名登记和“黑卡”治理专项行动，强化考核问责。三是提升用户服务能力，强化存量经营与维系。四是深化重点领域改革，激发动力活力。五是夯实基础，持续提升企业管理水平。六是坚持从严治企，着力加强企业党建和作风建设。

1.2.4 技术创新与社会需求将创造新的细分市场

随着技术的不断创新以及社会需求的不断变化，更多创新的细分市场层出不穷，有巨大的市场发展空间。

1.2.4.1 智慧城市

从经济学的角度考虑，智慧城市能够提升城市运营管理水平，直接带动新一代信息技术为核心的信息产业发展，间接推动城市传统支柱产业转型升级、战略性新兴产业发展。当前传统产业发展遭遇资源瓶颈，全球经济发展迫切寻求产业经济发展的新空间，通过技术突破推进产业转型、优化产业结构是必然选择。同时，国内外经济形势要求尽可能地扩大内需，但经历几轮大规模的投资刺激后，传统项目的边际效益正在迅速下降。立足当下及未来一段时期，中国民生性、公共消费型基础建设投资将成为经济新增长点；已有生产能力的绿化和升级将为中国经济带来第二大增长点，而居民消费将是拉动经济增长的第三个动力要素，也势必会创造新的细分市场。

而集约、低碳、生态、智慧的智慧城市建设，为国民经济增长和新一代信息技术发展注入新动力。以“智慧城市新型需求为中心”的产业链导向性变化趋势日益清晰，传统的电子信息产业在新兴技术贯穿后将发生深刻变革。智慧城市应用催生跨领域、融合性的新兴产业形态；智慧城市应用将引发相关产业链的垂直整合。

2014 年 8 月 29 日，发改委网站消息，经国务院同意，发改委、工业和信息化部、科技部、公安部、财政部、国土部、住建部、交通部等八部委联合印发《关于促进智慧城市健康发展的指导意见》，涉及医疗、教育、平安城市 、信用体系建设（征信）、环保、社会管理等诸多层面。医疗领域，推进智慧医院、远程医疗建设，普及应用电子病历和健康档案，促进优质医疗资源纵向流动；教育领域，建设完善教育信息化基础设施，构建利用信息化手段扩大优质教育资源覆盖面的有效机制，推进优质教育资源共享与服务；信用体系建设方面，加快征信信息系统建设；环保领域，建立环境信息智能分析系统、预警应急系统和环境质量管理公共服务系统。

1.2.4.2　云服务

云服务是基于互联网相关服务的增加、使用和交付模式，通常涉及通过互联网提供动态易扩展且经常是虚拟化的资源。云服务指通过网络以按需、易扩展的方式获得所需服务，这种服务可以是 IT 和软件、互联网相关，也可是其他服务。它意味着计算能力也可作为一种商品通过互联网进行流通。从云计算的服务模式上看，个人云的诞生其实是整个云计算服务整体的一个延伸，个人云服务领域也必将得以不断拓展，其市场价值也会得到凸显。根据个人云存储厂商云创存储的云服务调查报告，目前有将近 5000 万的用户在使用个人云服务，个人云服务截至目前的营收已经超过 2.4 亿美金。通过上述一组数字可以看出，就现阶段来说，个人云的云计算服务模式仍然还处在一个刚刚起步的阶段，作为云计算的一种，和其他的云计算服务模式一样，个人云对于信息存储方面，也同样是把用户的大量数据上传到云计算服务提供商的服务器设备当中，并且由运行在服务器中的应用程序进行相应的计算。个人用户可以借助终端中的客户端软件访问个人云服务，这点同公有云以及私有云的技术原理都是相同的。

1.2.4.3 物联网

物联网是新一代信息技术的重要组成部分，也是“信息化”时代的重要发展阶段。物联网就是物物相连的互联网，有两层意思：其一，物联网的核心和基础仍然是互联网，是在互联网基础上延伸和扩展的网络；其二，其用户端延伸和扩展到了任何物品与物品之间，进行信息交换和通信，也就是物物相息。物联网通过智能感知、识别技术与普适计算等通信感知技术，广泛应用于网络的融合中，也因此被称为继计算机、互联网之后世界信息产业发展的第三次浪潮。物联网是互联网的应用拓展，与其说物联网是网络，不如说物联网是业务和应用。因此，应用创新是物联网发展的核心，以用户体验为核心的创新 2.0 是物联网发展的灵魂。物联网是互联网的延伸，它包括互联网及互联网上所有的资源，兼容互联网所有的应用，但物联网中所有的元素（所有的设备、资源及通信等）都是个性化和私有化的。

从物联网的市场来看，截至 2015 年，中国物联网整体市场规模将达到 7500 亿元，年复合增长率超过 30.0%。物联网的发展，已经上升到国家战略的高度，必将有大大小小的科技企业受益于国家政策扶持，进入科技产业化的过程中。从行业的角度来看，物联网主要涉及的行业包括电子、软件和通信，通过电子产品标识感知识别相关信息，通过通信设备和服务传导传输信息，最后通过计算机处理存储信息。而这些产业链的任何环节都会开发相应的市场，加总在一起的市场规模就相当大，可以说，物联网产业链的细化将带来市场的进一步细分，造就一个庞大的物联网产业市场。据思科最新报告，未来 10 年，物联网将带来一个价值 14.4 万亿美元的巨大市场，未来 1/3 的物联网市场会在美国，30% 在欧洲，而中国和日本将分别占据 12% 和 5%。

1.2.4.4 移动支付

移动支付也称为手机支付，就是允许用户使用其移动终端（通常是手机）

对所消费的商品或服务进行账务支付的一种服务方式。单位或个人通过移动设备、互联网或者近距离传感直接或间接向银行金融机构发送支付指令产生货币支付与资金转移行为，从而实现移动支付功能。移动支付将终端设备、互联网、应用提供商以及金融机构相融合，为用户提供货币支付、缴费等金融业务。移动支付标准的制订工作已经持续了三年多，主要是银联和中国移动两大阵营在比赛。数据研究公司 IDC 的报告显示，2017 年全球移动支付的金额将突破 1 万亿美元。强大的数据意味着，今后几年全球移动支付业务将呈现持续走强趋势。

互联网、移动互联网、物联网带来的不仅是技术上、应用上的变化，就企业而言带来最大的变化是价值链和生态系统的变化。在电信行业原有的价值链中，或在电信的生态系统中，电信运营商一直是价值链的中心环节。所有的其他环节，包括网络设备制造商、手机制造商、电话机制造商、营销商、内容提供商、服务提供商都是围绕着运营商来转。互联网时代最大的变化是价值链变了，运营商不是整个价值链的中心，出现了大量 OTT，利用运营商的网络，但是完全不受运营商的管理和控制。互联网的生态系统不是以一个电信为中心，而是至少有三个中心。第一是网络连接，第二是移动终端，第三是 APP 终端，它们是紧密相连又完全独立的，甚至可以是非常大的独立行业。

思考题

1. 国家政策层面为我国信息通信市场的发展带来的机遇有哪些？监管政策的重点举措有哪些？

2. 参与我国信息通信市场发展与竞争的主体有哪些？

3. 技术创新与社会需求创造新的信息通信细分市场有哪些？

第2章 我国信息通信业务发展趋势

2.1 信息通信业务分类与管理

工业和信息化部《电信业务分类目录》将电信业务分为基础电信业务和增值电信业务，具体内容如图 2-1 所示。

《电信业务分类目录》自 2003 年 4 月 1 日开始实施至今已有 12 年，10 多年间互联网高速发展，电信业务日益丰富，新技术、新业务大量涌现，为适应大环境的变化，运营商也在不断调整业务重心，显然传统的分类方式与业务现状已不能完全匹配，新形势下的分类方式应运而生，电信业务的丰富带来分类方式的多样性。

按面向的用户不同，可将信息通信业务分为个人业务、家庭业务和政企业务。其中，个人业务是指为个人客户提供的服务，如专属邮箱、音乐下载、终端游戏、位置共享、新型通信社交等业务；家庭业务是指以家庭为服务对象的业务，如家庭宽带、互联网电视、家庭健康等；政企业务是指面向政企客户所提供的业务，如专线、云服务、考勤记录、呼叫中心、视频监控等。

此外，按信息感官分为话音业务和非话音业务两大类。话音业务是传递最终为人的听觉感官所接收的语音信息的业务，除此以外的业务都称为非话音业务。

按信息媒介或信息载体分为话音（Voice）、数据（Data）、图文（Text）、视像（Video）和多媒体业务（Multimedia）。

按业务是否增值分为基本业务和增值业务两大类。

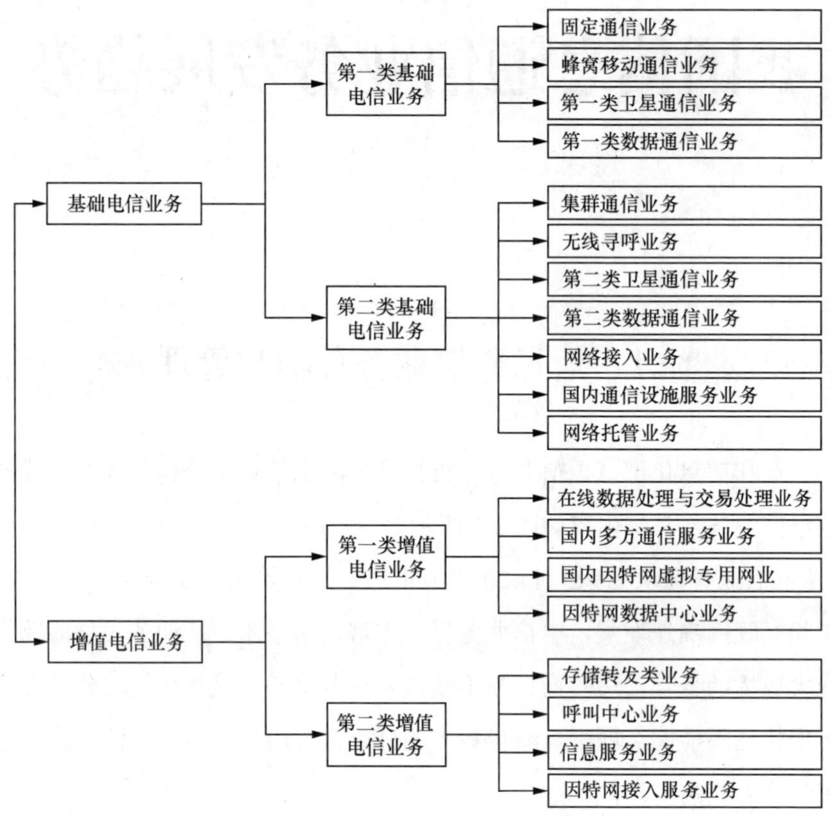

图 2-1　工业和信息化部电信业务分类

按用户活动分为固定业务和移动业务两大类。

按所需带宽分为宽带业务（2Mbit/s 以上）和窄带业务。

而从互联网业务的角度可以分为互联网接入、互联网应用和互联网平台业务三大类。

未来信息通信市场开放程度进一步加大，随着基础通信业务的的逐步开放，市场的管理将向更加规范的方向发展。例如，门槛较高的 4G 牌照、虚拟运营商的牌照由工业和信息化部发放、门槛较低的增值电信业务经营许可证实行市场准入制管理，相关的准入条件进行备案。

2.2　信息通信业务发展趋势

在移动互联、云计算、物联网、智慧城市、工业互联网等新技术、新业态的大环境下，4G 全面商用、OTT 跨界竞争、移动转售、“宽带中国”战略、铁塔公司组建等重大因素对市场格局和产业价值链产生深刻影响，给信息通信业务的发展带来有巨大的促进作用。

2.2.1　从行业角度分析信息通信行业发展的主要趋势

（1）行业融合持续推进，互联网主导信息通信业增长：在“互联网 +”思潮的影响下，信息化和工业化深度融合带来全新的市场空间，传统产业改变原有的运营及收入增长方式，运用互联网技术提高整体竞争力，以创新带动企业发展。跨界融合的增加不断为互联网产业创造新的利润增长点，进而拉动整个信息通信行业的增长。

（2）宽带提速，5G 布局：随着“宽带中国”政策的实施，我国宽带用户普及率不断升高，2015 年进入推广普及的收官阶段，在互联网高速发展的带动下，宽带提速进程加快。此外，4G 网络建设已全面展开，我国全面进入 4G 时代，为顺应国际信息通信技术的发展进程，我国于 2013 年就成立了 IMT-2020 推进组，作为官方 5G 研发工作平台。按照全球进程，2015 年年底正式开始 5G 候选技术标准的征集与评估工作，到 2018 年年底完成标准化工作，2019 年开始进行试商用。而 IMT-2020 推进组极有可能代表中国提出 5G 全球标准。

（3）终端智能化，移动互联网 M2M 化：4G 的发展带动智能手机继续呈现扩展态势；可穿戴设备继续呈爆发式增长，成为人们消费的重点；三网融合与宽带提速为智能电视发展注入新活力。人们日益增长的服务需求，使以商家、企业对大众提供私人订制且移动的服务为核心的 M2M 模式成为移动互联网发展的未来。

（4）云计算和大数据应用不断深化：未来云计算、大数据技术快速演进，云计算政务系统日臻完善，各级政府成为云计算业务的增长点；大数据向传统领域扩散速度加快，数据交易共享需求催生第三方数据交易市场。

（5）基础设施和信息资源保护成为战略：作为国家重要战略资源，关键基础设施的分级分类、资产清单管理等工作将成为首要任务，同时在工业控制系统，工业互联网的安全保护将成为新的焦点。信息资源保护随着大数据的应用和移动互联网的推进变得更为重要，此外，物联网和工业互联网应用会带来新的信息资源保护问题。

2.2.2 按类别角度分析信息通信业务的主要趋势

（1）个人业务

中央经济工作会议提出未来模仿性排量式的消费基本结束，个性化和多元化的消费逐渐成为主流，信息消费作为一种新兴业态，凭借其低成本、高效率的优势，正愈发成为我国转变经济发展方式、优化产业结构的重要推动力，成为拉动我国经济增长的第一驱动力。未来，消费热点将继续向信息消费演进。

此外，随着 4G 业务的全面启动，4G 用户的规模增长迅速，移动数据及互联网业务量持续增加，成为未来电信业务收入的重点。

移动视频业务是通过移动网络和移动终端为用户提供视频内容的新型通信服务，其主要特征在于传送的内容是比文本、语音更加高级的视频图像（Video），并可以伴有音频（Audio）信息。移动终端和网络技术的不断发展，为移动视频业务的出现和推广提供了必要条件。市场需求和技术进步共同推动移动视频业务的发展，并使其成为移动运营商、设备制造商和内容提供商关注的焦点之一。高质量的移动视频业务对网络带宽和终端传输速率要求很高，并需要有更加先进的视频压缩编码技能的支持，还与传输和交换等技能有关。移动视频业务的实现需要通信和Internet各种技能筹划的支持。

（2）家庭业务

“宽带中国”战略促使我国宽带普及率大幅增加，未来随着政策体系不断完善，宽带将进入更高层次的发展阶段。2014年我国8Mbit/s以上宽带用户总数占宽带用户总数的比重达40.9%，未来这一比例将进一步增加，同时会向更高速的网络发展。

（3）政企业务

“智慧”渗透至各行业，开启智能化时代，未来从智慧家居、智慧医疗，智慧交通到整个智慧城市建设都将是政企业务的增长点。

智慧城市以物联网为技术基础，需要通过发展物联网进一步实现信息化，而物联网技术作为互联网应用的拓展，可为智慧城市提供城市的感知能力，是智慧城市中非常重要的元素，支撑着整个智慧城市系统。智慧城市和物联网两者之间是相互依存、相互促进的关系，物联网技术使智慧城市进入了新的发展阶段，而智慧城市也成为未来物联网发展的依托。

思考题

1. 信息通信业务的分类主要有哪些？
2. 影响信息通信业务发展趋势的重点因素有哪些？
3. 信息通信业务未来发展呈现怎样的发展趋势？

第3章 信息通信市场与业务预测

3.1 市场预测的原则

市场预测，是在信息收集和市场调查的基础上，运用科学的方法对决策者关心的市场变量的未来趋势及其可能水平做出估计与测算，是为决策提供依据的过程。

预测本身要借助数学、统计学等方法论，也要借助于先进的手段。理解预测的原则有助于预测者有效思维模式的建立，达到事半功倍的效果。市场预测的四大原则是：相关原则、惯性原则、类推原则及概率推断原则。

相关原则：建立在“分类”的思维高度，关注事物（类别）之间的关联性，当了解（或假设）到已知的某个事物发生变化，再推知另一个事物的变化趋势。最典型的相关有正相关和负相关，正相关是事物之间的“促进”，比如，居民平均收入与“移动电话普及率”；负相关，是指事物之间相互“制约”，如一定时间内产品的价格和销量。

惯性原则：任何事物发展具有一定惯性，即在一定时间、一定条件下保持原来的趋势和状态，这也是大多数传统预测方法的理论基础，如“线性回归”、“趋势外推”等。

类推原则：这个原则也是建立在“分类”的思维高度，关注事物之间的关联性，由小见大，由表及里，自下而上，自上而下等。

概率推断原则：虽然不可能完全把握未来，但根据经验和历史，很多时候能大致预估一个事物发生的大致概率，根据这种可能性，采取对应措施。可以通过抽样设计和调查等科学方法确定某种情况发生的可能性。

3.2 常用预测方法

预测方法根据不同的标准进行分类，形成预测方法的分类体系，如图 3-1 所示。

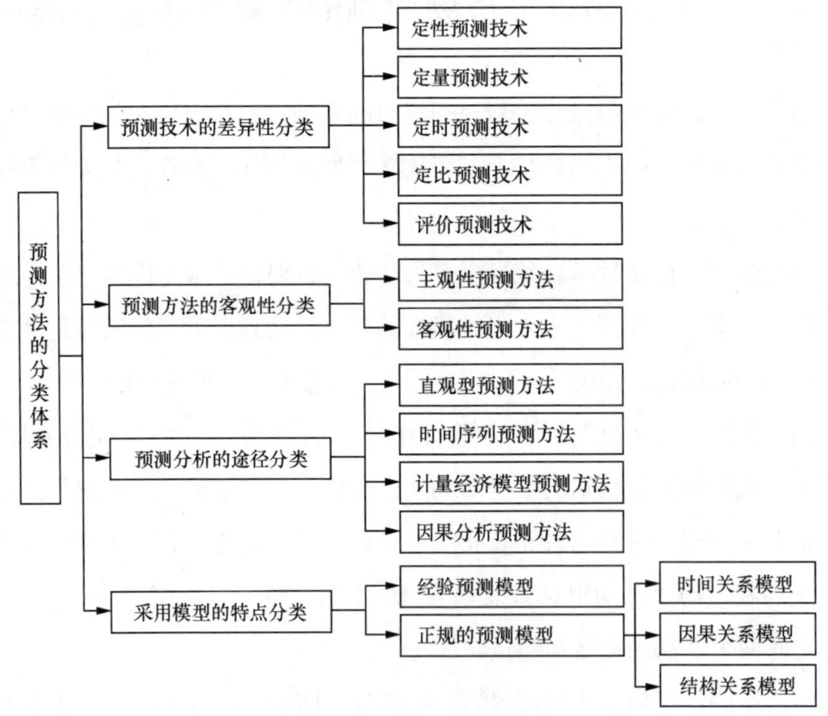

图 3-1　预测方法分类体系

目前预测移动数据流量的常规方法主要有回归分析法、增长率法、增长规模法和用户与消费行为驱动法。

3.2.1　回归分析法

回归分析法是利用一系列条件、参数、因果关系数据和其他相关信息，建立预测对象与影响因素的因果关系模型，预测市场业务的发展变化。

回归分析法的使用前提是，市场业务的发展是和其他一些已知因素高度相关的，这样通过已知因素的分析就可以对该市场业务进行预测。

回归预测分析的步骤一般可以用图 3-2 所示的流程表示。

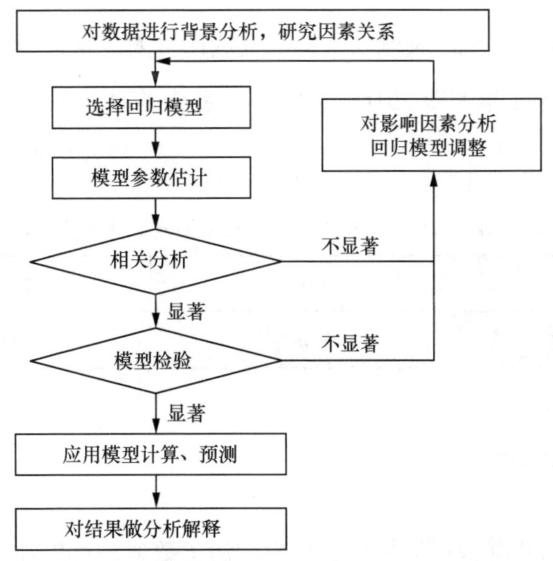

图 3-2　回归分析流程

3.2.2　增长率法

增长率法对移动数据流量增长率的历史数据进行拟合，预测未来移动数据流量增长率，从而得到移动数据流量的规模。

根据工业和信息化部公布的数据，2010—2014 年我国移动互联网接入流量规模及增长率见表 3-1。

表 3-1　2010—2014 年我国移动互联网接入流量规模及增长率

年份	2010 年	2011 年	2012 年	2013 年	2014 年
流量（万 GB）	39936	54083	87926	132138	206231
增长率	238.9%	35.4%	62.6%	50.3%	56.1%

2010 年智能机爆发增长，带动移动互联网接入流量大规模增加，数据拟合时去除极端因子，因此去除 2010 年爆发式增长及 2010 年基数高导致的 2011 年增长率较低这两年的影响，对 2012—2014 年 3 年的增长率进行拟合，求出复合增长率为 56.3%。预测未来移动互联网接入流量按 56.3% 的速度增长，从而预测未来 2 年（即 2016—2017 年）我国移动互联网接入流量的规模见表 3-2。

表 3-2　2016—2017 年我国移动互联网接入流量规模预测

年份	2016 年	2017 年
流量（万 GB）	503873	787598

3.2.3　增长规模法

增长规模法对移动数据流量增长规模的历史数据进行拟合，预测未来移动数据流量增长规模，进而得到移动数据流量的规模。

近年来移动互联网发展迅猛，移动基础设施投资逐年增加，使得网络质量不断提高，4G 全面发展，智能机渗透率持续提升，运营商注重“流量经营”，数据使用量从 M 时代进入 G 时代。人们的使用习惯向移动式转移，预计未来移动数据使用量会继续快速增加，因此对表 3-1 中 2010—2014 年移动互联网接入流量进行指数拟合，拟合曲线如图 3-3 所示。

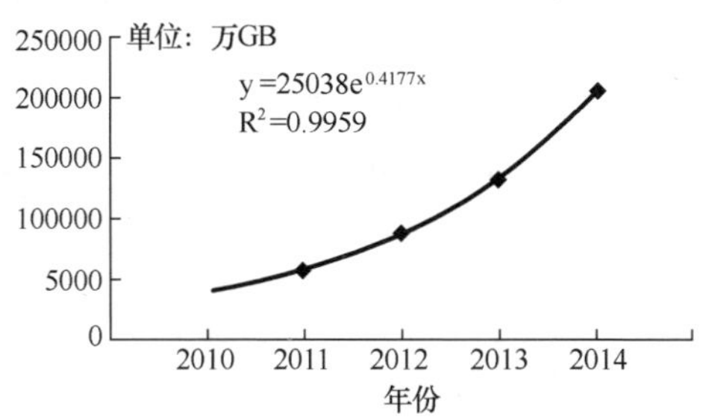

图 3-3　2010—2014 年移动互联网接入流量拟合曲线

拟合后 R^2 值为 0.9959，拟合度良好，得到拟合公式为：$y=25038e^{0.4177x}$，进而计算得到未来 2 年的移动互联网接入流量，见表 3-3。

表 3-3　增长规模预测 2016—2017 年移动互联网接入流量

年份	2016 年	2017 年
流量（万 GB）	466051	707682

3.2.4　用户与消费行为驱动法

预测未来移动数据流量用户规模与单用户单月移动数据流量消费规模，进而得到移动数据流量规模。

根据工业和信息化部公布的数据，2009—2014 年我国移动互联网接入流量规模及月户均移动互联网接入流量，见表 3-4。

表 3-4　2009—2014 年我国移动互联网用户数及月户均流量

年份	2009 年	2010 年	2011 年	2012 年	2013 年	2014 年
用户数（万户）	37710	51521	63432	76437	80756	87522
月户均流量(MB/月・户)	26.7	66.1	72.8	98.2	139.4	205.0

据工业和信息化部 2015 年 4 月最新公布的数据，截至 2015 年 3 月末，移动互联网用户数接近 9 亿，预计未来规模会进一步扩大，但增速会趋于平

缓，而接入流量会随着网络质量的提升、资费的下降以及人们生活习惯的改变等因素，继续以较快的速度增长，因此对用户数进行“幂拟合”，月户均流量进行“指数拟合”，拟合曲线及 R^2 值如图 3-4 及图 3-5 所示。

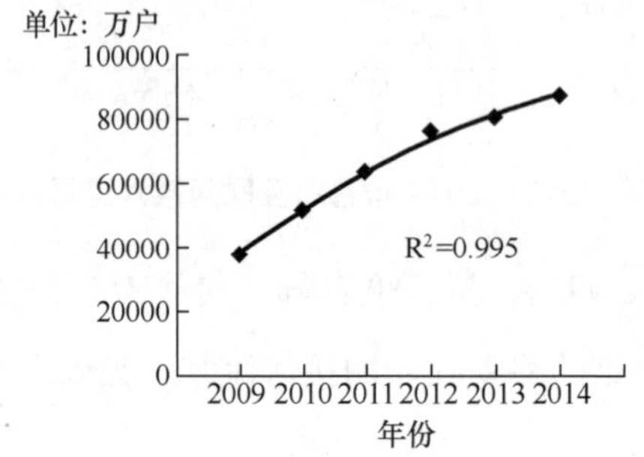

图 3-4　2009—2014 年移动互联网用户规模

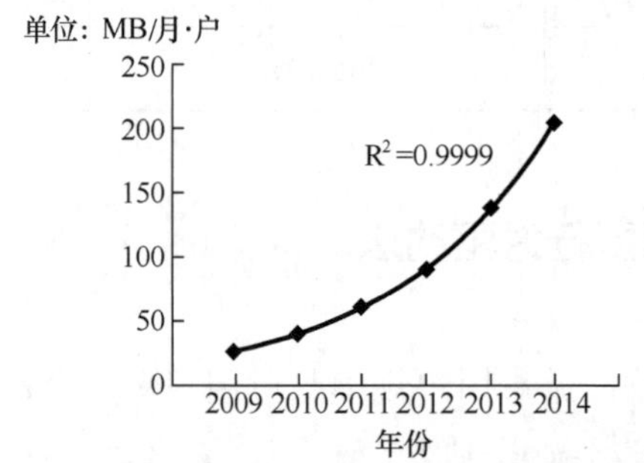

图 3-5　2009—2014 年移动互联网月户均流量

拟合后 R^2 值分别为 0.995 和 0.9999，同时得到用户规模拟合公式为：y=37572×0.4809，月户均流量拟合公式为：$y=17.778e^{0.4092x}$，计算未来 2 年移动互联网用户规模及月户均流量，见表 3-5。

表 3-5　2016—2017 年移动互联网用户规模及月户均流量预测

年份	2016 年	2017 年
用户数（万户）	102132	108084
月户均流量（MB/ 月 · 户）	469.4	706.8

根据公式：移动互联网接入流量（万 GB）= 用户数 × 月户均流量 ×12÷

1024，计算出 2016—2017 年移动互联网接入流量规模，见表 3-6。

表 3-6 2016—2017 年移动互联网接入流量规模预测

年份	2016 年	2017 年
流量（万 GB）	561806	895240

思考题

1. 预测移动数据流量的常规方法有哪些？
2. 预测时进行曲线拟合的过程中，R^2 值的作用是什么？
3. 用户与消费行为驱动法中引用的用户行为指标是什么？

2

下 篇

通信企业经营绩效及工程经济

第 4 章
通信企业经营绩效分析

4.1 概　　述

4.1.1 企业经营绩效分析的内涵及应用

从理论上讲，企业经营绩效分析就是按照一定的方法和标准，参照特定的指标体系，对企业一定时期的经营成果进行客观、公正、准确的评价，以期有助于企业的决策和发展。

企业经营绩效分析广泛应用于企业所有者对下属企业的经营绩效考核，机构投资者或其他评价主体对上市公司经营绩效的分析，以及企业发展规划、财务管理专项咨询等领域。在注册咨询工程师（投资）的业务领域，企业经营绩效分析主要应用于企业发展规划、财务管理专项咨询等业务领域。注册咨询工程师作为第三方，主要工作内容是对企业经营绩效进行全面、客观、科学地评价，找出企业经营管理中存在的问题，从而为企业管理者在业务发展、管理决策等方面提供参考建议。

4.1.2 企业经营绩效分析的主体

通常来说，评价主体有以下几类。

（1）企业的所有者，如股份有限公司的股东、子公司的母公司等。在现代产权制度下，所有权与经营权分离，企业所有者并不直接经营企业。通过对企业经营绩效的分析可以全面评估企业经营情况，引导经营者的行为，激励经营者更好地经营管理企业，保证所有者投入的资本能够获得预期的回报。作为子公司所有者的母公司还可以通过经营绩效评价在母公司战略目标与子公司经营者之间架起沟通的桥梁。

（2）企业经营管理者。企业经营管理者通过经营绩效分析，旨在找出企业经营管理方面存在的优势与不足，进而发现问题产生的原因，提出解决问题的办法。

（3）其他利益相关者，如债权人、政府等。债权人通过对企业经营绩效分析可以考察企业的偿债能力，以确保投资的安全性，同时也可以评估企业的整体效益状况、可持续发展能力等。

（4）第三方。第三方是站在局外人的角度对企业的经营绩效进行评价，如一些证券公司、咨询机构可根据公开获取的资料进行企业经营绩效评价，为公众提供参考。美国《财富》杂志从 1955 年开始对美国上市公司进行排名，进而发展到对全球 500 强企业进行排名。

不同的评价主体，由于对企业经营绩效进行分析的目的不同，因而分析内容及所采用的指标体系也有所不同。就企业所有者与经营管理者来说，需要对企业经营绩效的方方面面进行评价，主要包括盈利能力、资产质量、偿债能力、发展能力、管理水平等方面。债权人主要对企业的偿债能力进行评价，同时也对企业整体效益状况、可持续发展能力等方面有一定的关注。第三方主要是就公众关心的一些指标进行评价。

4.1.3　企业经营绩效分析理论的历史演进

企业经营绩效分析作为整个企业管理的重要组成部分，发挥着及其重要的作用。它的发展和完善是与社会生产力和企业形态的不断演进紧密相连的，大体上经历了 4 个阶段。

4.1.3.1　成本分析阶段

在资本主义发展的初期，企业所有权和经营权没有分离，企业的规模比较小，技术比较简单，产品单一。这时的经营绩效分析的主体是企业所有者，分析的重点是企业内部的生产效率，强调成本管理，主要使用一些较为简单的产出指标和成本指标，如每吨公里成本、每磅成本、销售毛利等。

4.1.3.2　财务分析阶段

20 世纪初，随着企业所有权和经营权的分离，越来越多的外部投资者和债权人的地位开始凸显出来。他们不直接参与企业的生产经营，但和企业之间有着非常紧密的经济利益关系，所以对企业的绩效非常关注，因此与之相应的反映企业经营绩效的财务评价迅速发展起来，如杜邦公司发明并广泛使用的杜邦财务分析法。

与成本评价阶段关注成本和技术上的效率相比，财务分析阶段则更加关注利润和经济上的效率，一直到 20 世纪 80 年代，财务分析几乎是企业经营绩效分析的全部内容。

4.1.3.3　基于战略思想和非财务指标的综合评价阶段

20 世纪 80 年代末，经济一体化和全球化进程加快，信息技术的飞速发展使企业面临的环境变得极其动荡和复杂，传统的以会计信息为基础的经营绩效分析越来越不能适应企业发展的需要，学者们开始积极探寻新的评价指标和绩效评价体系。此外，战略管理理论的兴起，以及企业界和理论界对利益相关者理论的日益关注，也对绩效分析理论的发展起了很大推动的作用。最有代表性的有 Robert S.Kaplan 和 David P.Norton1992 年提出的平衡计分卡（BSC），它包括财务、客户、内部运营与管理、学习与重新 4 个层面，综合了财务指标与非财务指标；还有 McNair、Lynch 和 Cross1990 年提出的业绩金字塔模型，该模型从战略管理角度给出了业绩指标之间的因果关系，反映了战略目标和业绩指标之间的互动性，为正确评价企业业绩做出了很大贡献。

平衡计分卡和业绩金字塔模型关注企业内外部的种种行为和能力的培养，着重探讨什么行为和能力导致企业的高绩效，以及企业在经济和社会等各个方面绩效的改进，更进一步地探讨财务绩效背后隐藏的深层次原因。但是这种理论也有缺点，由于实践中企业经营过程错综复杂，很难证明行为与结果之间存在显著的相关性，而且用哪些指标评价行为，指标间的权重如何，在判断时都难免存在很大的主观性。

4.1.3.4 对财务指标的发展与改进

20 世纪 90 年代，不断有学者尝试通过对财务指标进行调整和改进，使其能更加准确客观地反映企业经营绩效水平，于是，内部报酬率、净现值等更能反映企业整体价值的指标开始出现。1986 年，阿尔弗洛德·拉帕波特提出股东价值概念，并以其替代利润、投资报酬率等传统绩效指标。Stewart 于 1991 年提出经济增加值（EVA）指标，它是公司经过调整后的营业净利润减去该公司现有资产的经济价值的机会成本后的余额，Jeffrey 于 1997 年又提出了修正的经济增加值（REVA）指标。这样的计算方法由于考虑了投资者投入资本的成本，因而更加真实地反映了公司的盈利能力。

4.2　通信企业经营绩效分析的内容

在通信行业，运营企业将经营绩效分析的理论与企业管理的实践相结合，已经广泛应用于集团公司对下属省公司以及省公司对地市公司的经营业绩考核之中，重点探讨作为第三方的注册咨询工程师在其业务领域进行的经营绩效分析。目前通信行业的注册咨询工程师主要在企业战略规划、网络发展滚动规划、财务管理专项咨询等项目中涉及经营绩效分析的内容，分析的目标是基于特定的项目目标，采用相应的方法，对企业经营绩效进行客观、公正、准确的分析和评价，以便找出企业经营管理中存在的问题，为企业管理决策提供参考。

4.2.1　通信企业经营绩效分析的主要内容及指标

通信企业经营绩效分析主要包括盈利能力分析、资产质量分析、债务风险分析和发展能力分析 4 方面内容。主要指标见表 4-1。

表 4-1　通信企业经营绩效分析的主要指标

<table>
<tr><td rowspan="10">盈利能力</td><td>收入</td><td rowspan="4">资产质量</td><td>总资产周转率</td></tr>
<tr><td>净利润</td><td>固定资产周转率</td></tr>
<tr><td>总资产报酬率</td><td>资产现金回收率</td></tr>
<tr><td>净资产收益率</td><td>折旧收入比</td></tr>
<tr><td>EVA</td><td rowspan="3">债务风险</td><td>资产负债率</td></tr>
<tr><td>EVA 率</td><td>现金流动负债比率</td></tr>
<tr><td>收入净利率</td><td>已获利息倍数</td></tr>
<tr><td>EBITDA</td><td rowspan="3">发展能力</td><td>收入增长率</td></tr>
<tr><td>EBITDA 收入率</td><td>净利润增长率</td></tr>
<tr><td>—</td><td>非话音业务收入占比</td></tr>
</table>

4.2.1.1 盈利能力分析

盈利能力是指企业利用各种经济资源赚取利润的能力，它是企业营销能力、获取现金能力、降低成本能力及规避风险能力等的综合体现，也是企业各环节经营结果的具体表现。因此盈利能力分析是企业经营绩效分析的核心内容，无论是社会中介机构的实践，学术理论界的研究，还是政府对国有企业经营绩效的考评，首先关注的是企业的盈利能力状况。

在通信企业中盈利能力分析主要采用收入、净利润、总资产报酬率、净资产收益率、EVA 及 EVA 率、EBITDA 及 EBITDA 率、收入净利率等指标进行分析。

（1）收入

是指电信企业经营的基础电信业务和增值电信业务所取得的资费收入、电信企业之间、网间互联电信业务的结算收入，以及除电信主营业务收入以外的其他业务收入，如出售、出租通信商品收入、代办业务收入等。获得收入是公司生存和发展的基础，收入是反映企业盈利能力的基本指标。

（2）净利润

是指公司在一定会计期间的经营成果，是企业经营成果的直接体现，也是进行经营绩效分析的核心指标。但由于企业规模的不同，净利润指标不宜在不同规模的企业之间进行对比，因此需要引入总资产报酬率、净资产收益率等相对指标进行不同企业之间的对比。

（3）总资产报酬率

计算公式：总资产报酬率 = 净利润 ÷ 总资产平均余额。

总资产报酬率是指实现的净利润（税后利润）与总资产平均占用额之比，该指标反映了企业利用包括净资产和负债在内的全部资产的总体获利能力。指标越高，表明资产的利用效率越高，说明企业在增加收入和节约资金使用方面取得了良好的效果，否则相反。

总资产报酬率是一个综合指标，企业的资产一方面来自投资人投入，一方面来自举债，净利润的多少与企业资产的多少、资产的结构、经营管理水平有密切的关系。影响总资产报酬率的因素主要有：产品的资费、单位成本、业务量、资金占用量的大小等。

（4）净资产收益率

计算公式：净资产收益率 = 净利润 ÷ 所有者权益平均余额。

净资产收益率又称所有者权益报酬率（ROE）或股东权益收益率，它是净利润占所有者权益平均余额的百分比。

该指标体现了企业权益性资本的获利能力，以及为股东创造价值的能力，突出反映了投资与报酬的关系，是评价企业资本经营效益的核心指标。

净资产收益率是一个综合性指标，该指标受到收入净利率、资产周转率和资产负债率等因素影响。

（5）EVA 及 EVA 率

计算公式：*EVA*= 税后净营业利润（NOPAT）- 资本成本。

其中：税后净营业利润（NOPAT）= 收入 - 成本 - 所得税 ±EVA 调整；

资本成本 = 占用资本 × 资本成本率（WACC）。

EVA 率 =*EVA*÷ 占用资本 =（税后净营业利润－资本成本）÷ 占用资本 =*ROIC*-*WACC*。

其中：ROIC 表示已投资本回报率，*ROIC*= 税后净营业利润（NOPAT）÷ 占用资本。

EVA（Economic Value Added，经济价值增加值）是企业经营利润在扣除全部资本成本（包括债权成本和股权成本）之后的余额，它是一种全面评价企业经营者有效使用资本和为股东创造价值能力的综合指标。其中税后净营业利润是指以损益表中净利润项为基础数据，通过调整财务费用和少数股东损益项目、一次性支出但受益时间较长的研发费用等项目得到，反映企业真正的经营利润。调整财务费用是因为资本成本中已经考虑了债务成本，而研发费用虽然已计入当期费用，但将在企业未来的发展中受益，因此要从企业成本中剔除，即增加企业营业利润。

占用资本是指企业生产经营所占用的所有资本，其来源一是所有者权益，二是负债；资本成本率即为企业债务资本和股权资本的平均成本率。在企业财务报表中有些负债是没有成本的，如应付账款、预收账款、应付职工薪酬、应付税金等，因此在计算占用资本时应将这部分资本剔除。同时考虑到在建工程还不能投入生产，不具有获利能力，因此在建工程也在占用资本中剔除。

EVA 的计算结果反映为一个货币数量。如果其值为正，就表示公司获得的税后营业收入超过产生此收入所占用资本的成本，换句话说，公司创造了财富；如果其值为负，那么公司就是在耗费自己的资产，而不是在创造财富，因此公司的目标应该是最大限度地创造正的、不断增加的 EVA。

EVA 率是反映股东投入资本的经济增值效率，即股东获得的超过其资本成本的超额回报率。

（6）收入净利率

计算公式：收入净利率 = 净利润 ÷ 主营业务收入。

收入净利率是企业实现的净利润与收入之比，通过对收入净利率的分析，可以了解企业每实现一元收入所获得的利润水平。

（7）EBITDA 及 EBITDA 率

EBITDA 指息税、折旧、摊销前利润。

计算公式：*EBITDA*= 营业利润 + 折旧、摊销。

EBITDA 率 =*EBITDA*÷ 收入

EBITDA 从现金净流入的角度对企业的运营状况进行评价，反映企业的运营效果及企业获得现金流入的能力，由于本指标排除了非经营因素——折旧和摊销对企业利润的影响，能够客观地反映公司的运营效果，是国际资本市场上通用的衡量通信企业财务结果的重要指标。

EBITDA 率反映营业收入转化为 EBITDA 的比例。

4.2.1.2 资产质量分析

资产质量是指企业所拥有资产的营运质量，包括变现能力以及能被进一步利用或与其他资产组合增值的能力等。

通信企业根据其自身资产结构特点，一般选择总资产周转率、固定资产周转率、资产现金回收率、折旧收入比等指标进行分析。

（1）总资产周转率

计算公式：总资产周转率 = 收入 ÷ 平均资产总额。

其中：平均资产总额 =（期初资产总额＋期末资产总额）÷2。

该指标是综合评价企业全部资产经营质量和利用效率的重要指标，体现了企业经营期间全部资产从投入到产出周而复始的流转速度，反映了企业全部资产的管理质量和利用效率。

通过该指标的对比分析，不但能够反映出企业本年度及以前年度总资产的运营效率及其变化，而且能发现企业与同类企业在资产利用上存在的差距，促进企业挖掘潜力、积极创收、提高产品市场占有率、提高资产利用效率。

（2）固定资产周转率

计算公式：固定资产周转率 = 营业收入 ÷ 固定资产净额平均余额（该数值乘以 100 即为百元固定资产净值收入）。

其中：固定资产净额平均余额 =（期初固定资产净额＋期末固定资产净额）÷2。

该指标是评价企业固定资产利用效率的重要指标，该指标数值越高，表明固定资产周转越快，固定资产利用效率越高。

（3）资产现金回收率

资产现金回收率 = 经营现金净流量 ÷ 平均资产总额。

说明企业资产产生现金的能力，其值越大越好。如果把该指标求倒数，则可以分析全部资产用经营活动现金回收需要的期间长短。回收期越短，说明资产获现能力越强。

（4）折旧收入比

折旧收入比 = 折旧 ÷ 收入。

主要分析企业折旧对企业利润的影响，间接反映出固定资产投资对企业利润的影响。

4.2.1.3 债务风险分析

债务风险分析就指对企业偿付到期债务的能力进行分析。通信企业一般选择资产负债率、现金流动负债比率、已获利息倍数等指标对企业债务风险进行分析。

（1）**资产负债率**

计算公式：资产负债率 = 负债总额 ÷ 资产总额。

资产负债率表明公司总资产中有多少来自负债。一般来说资产负债率越高，说明企业总资产中来自负债的成分越多，则长期偿债能力越低，财务风险越高；反之，资产负债率越低，企业长期偿债能力越强，财务风险越低。

（2）**现金流动负债比率**

计算公式：现金流动负债比率 = 经营现金净流量 ÷ 流动负债。

该指标是从现金流入和流出的动态角度对企业实际偿债能力进行再次修正，是从现金流动角度反映企业当期偿付短期负债的能力。该指标能充分体现企业经营活动所产生的现金净流入可以在多大程度上保证当期流动负债的偿还。

（3）**已获利息倍数**

计算公式：已获利息倍数 =（利润总额＋利息支出）÷ 利息支出 = 息税前利润（EBIT）÷ 利息支出。

已获利息倍数（Interest Coverage）是指企业息税前利润与利息支出的比率，它可以反映获利能力对债务偿付的保证程度。一般情况下，已获利息倍数越高，企业长期偿债能力越强。国际上通常认为，该指标为 3 时较为适当，从长期来看至少应大于 1。

4.2.1.4 发展能力分析

发展能力是指企业的发展潜力，根据通信企业未来业务发展趋势，一般采用收入增长率、净利润增长率、非话音业务收入占比等指标进行分析。

（1）收入增长率

收入增长是企业积累和发展的基础，该指标越高，表明企业积累的基础越牢，可持续发展能力越强，发展的潜力越大，市场扩张能力越强。

（2）净利润增长率

利润是企业经营发展的根本，该指标进一步说明企业发展的潜力。

（3）非话音业务收入占比

通信企业一般是以话音业务为主，随着业务种类的日益多样化，非话音收入日益受到重视，并成为公司未来收入的增长点，因此非话音收入及其占比成为衡量公司发展能力的重要指标。

非话音业务收入占比指非话音业务收入占企业总收入的比例。随着话音业务的逐渐成熟，话音业务的收入周增长率下降，各大电信运营商都在大力发展非话音业务，非话音收入占比成为反映企业发展能力的重要指标。

4.2.2 通信企业经营绩效分析指标设置的特点

4.2.2.1 充分吸收了现代企业经营绩效分析的研究成果

通信企业经营绩效分析指标的设置充分考虑了指标的全面性、客观性、可获得性，力求使指标的设置能够全面地反映公司的经营绩效状况。考虑到经过审计的财务指标比较客观且容易获取，因此该指标体系的设置仍以财务指标为主。

对以财务指标为核心的传统绩效评价体系进行了改进，增加了一些非财务指标及改进的财务指标，如 EVA、自由现金流等。

4.2.2.2 资产质量分析不关注流动比率和速动比率，重点关注固定资产周转率

与工业制造业相比，通信运营企业自身的特点非常鲜明，如通信企业生

产和销售过程并存，不存在单独的销售过程，不需要购买原材料，存货类资产很少，主要是一些终端和卡等商品。通信企业速动比率和流动比率相差不大，而且流动比率较低。在分析通信企业资产质量时一般不太关注流动比率和速动比率指标。

通信企业属于资金密集型企业，通信网络的建设每年都需要大量的投资，从而形成规模巨大的固定资产。大部分通信企业固定资产占总资产的比例都在 50% 以上，因此固定资产的周转率对企业整体的资产营运状况有着决定性的影响，需重点关注。

以上指标体系在具体项目使用中还需要根据项目的特定目标进行适当调整，可以增删一些指标，并结合通信企业经营绩效分析的具体方法如比较分析法、结构分析法、趋势分析法、综合评价法等方法灵活运用。

4.3 通信企业经营绩效分析方法

企业经营绩效分析的方法主要有趋势分析法、结构分析法、比较分析法、杜邦财务分析法、综合评价法等，在实际应用中，往往并不单纯使用一种方法，而是多种方法综合应用。

4.3.1 趋势分析法

趋势分析法，是对不同时期的历史数据进行分析，判断其发展趋势。趋势分析可以分析某个项目金额的变化趋势，也可以用百分率的变化进行比较。比较的数据一般需要至少 3 年的数据。

以某通信公司连续几年的营收、成本等数据为例，见表 4-2。

表 4-2　某公司利润

单位：万元

项目＼年份	2005 年	2006 年	2007 年	2008 年
营业收入	2850	3135	3323	3389
减：营业成本	1425	1581	1685	1775
营业税金及附加	86	94	100	102
销售费用	180	210	240	320
管理费用	120	132	158	155
财务费用	10	11	15	15
资产减值损失	5	2	4	6
营业利润	1025	1105	1121	1016
营业外收入	32	30	10	12
营业外支出	15	20	18	11
利润总额	1042	1115	1113	1017
减：所得税费用	344	368	367	254
净利润	698	747	746	763

通过表 4-2 可以编制趋势分析表，从金额和变动百分比两方面分析发展趋势，见表 4-3。

表 4-3　某公司利润趋势分析

项目＼差额和百分比＼年份	2006 年		2007 年		2008 年	
	差额（万元）	百分比	差额（万元）	百分比	差额（万元）	百分比
营业收入	285	10%	188	6%	66	2%
减：营业成本	156	11%	104	7%	90	5%
营业税金及附加	9	10%	6	6%	2	2%
销售费用	30	17%	30	14%	80	33%
管理费用	12	10%	26	20%	-3	-2%
财务费用	1	10%	4	36%	0	0
营业利润	80	8%	16	1%	-105	-9%
利润总额	73	7%	-2	0	-96	-9%
减：所得税费用	24	7%	-1	0	-113	-31%
净利润	49	7%	-1	0	17	2%

通过表 4-3 可以看出，该公司收入增长越来越慢，营业成本的增长速度快于收入的增长速度。销售成本快速增长，管理费用在 2007 年增长率较高，但绝对额不大，营业利润及净利润呈下降趋势。通过以上趋势分析可以看出该公司利润出现下降主要是由于营业成本及销售费用增长过快所致。

4.3.2 结构分析法

结构分析法是针对具有多种构成的项目进行结构分析，如营业收入可以根据不同的业务类型进行收入构成分析，成本可以根据其主营业务成本与期间费用进行构成分析。

举例见表 4-4。

表 4-4 某公司营运支出结构分析

项目 \ 年份	2004 年	2005 年	2006 年
营运支出	100%	100%	100%
电路租费	5.9%	4.2%	3.5%
网内网间结算支出	22.5%	18.1%	18.8%
折旧	31.4%	36.7%	32.3%
人工成本	5.4%	5.6%	6.2%
SG&A	34.7%	35.4%	39.2%

根据表 4-4，一方面可以看出该公司营运支出中占比较大的项目为 SG&A 、折旧和网内网间结算支出，因此要减少企业营运支出就应该从这几个方面入手；另一方面，通过几年的对比可以看出，SG&A 占比增长很快，应注意分析其增长较快的原因，以找出控制其增长的有效措施。

4.3.3 比较分析法

比较分析法是应用较广的一种分析方法，比如通过对同行业中不同企业的比率进行比较分析，可以看出本企业哪些指标偏高，哪些偏低，对不同企业的收入结构、成本结构进行比较，可以看出本企业在收入来源方面存在哪些问题，在成本开支上有哪些优劣势等。

以 A 公司和 B 公司年度盈利能力主要指标对比分析为例，见表 4-5。

从表 4-5 中可以看出，B 公司无论从收入和净利润的绝对指标上还是净资产收益率、总资产报酬率、收入净利率等相对指标上看，其盈利能力远远低于 A 公司。但从 EBITDA 率上看，两公司差异不是很大，因此可以看出 B 公司盈利能力低于 A 公司的主要原因是固定资产投资较大。

表 4-5　A、B 公司年度盈利能力比较分析

项目	A 公司	B 公司
收入（百万元）	412,343	184,779
净利润（百万元）	112,793	20,066
净资产收益率	27.6%	9.1%
总资产报酬率	18.5%	4.7%
收入净利率	27.4%	10.9%
ARPU（元 / 户 / 月）	83	64
EBITDA（百万元）	216,487	85,889
EBITDA 率	52.5%	46.5%

4.3.4　杜邦财务分析法

杜邦财务分析体系是因美国杜邦公司创造而得名，其实质是一种分解财务比率的方法，可用于各种财务比率的分解，其作用是解释指标变动的原因和变动趋势，为采取措施指明方向。

净资产收益率是所有比率分析指标中综合性最强、最具有代表性的一个指标。以某公司净资产收益率的分解为例进行说明，如图 4-1 所示。

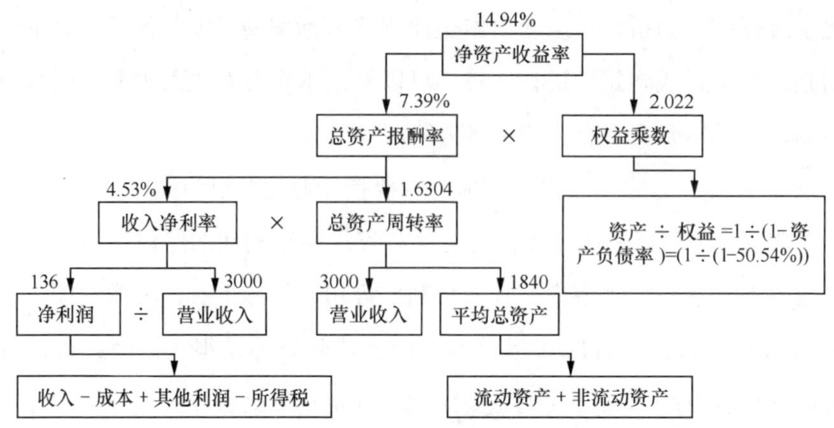

图 4-1　某公司净资产收益率分析

其中，权益乘数表明企业的负债程度，权益乘数越大，企业负债程度越高（说明：除数的倒数叫做乘数，权益除以资产是资产权益率，权益乘数是其倒数）。

从图 4-1 可以看出，净资产收益率＝收入净利率 × 总资产周转率 × 权益乘数。影响净资产收益率的因素可以分解为三大方面，这样层层分解之后，就可以把净资产收益率指标发生升、降变化的原因显性化、具体化了。

权益乘数主要受资产负债率的影响，负债比率大，权益乘数就高，说明企业有较高的负债，给企业带来了较多的杠杆利益，同时也给企业带来了较多的风险。

收入净利率的高低需要从收入、成本两方面进行深入分析。如分析收入的构成和收入的增长情况，可以看出收入增长的发展趋势及其原因。分析成本的增长趋势及其构成可以看出成本增长的原因何在，从而找到提高收入净利率的解决办法。

对于总资产周转率的分解，需对影响总资产周转的各因素进行分析，可以通过流动资产周转率、固定资产周转率、应收账款周转率、存货周转率等各有关资产组成部分使用效率的分析，判断影响资产周转的主要问题出在哪里。

假设 A 公司第二年净资产收益率下降了，有关数据见表 4-6。

表 4-6　A 公司第二年净资产收益情况

指标	净资产收益率	总资产报酬率	权益乘数
	(1)=(2)×(3)	(2)	(3)
第一年	14.93%	7.39%	2.02
第二年	12.12%	6%	2.02

通过分解可以看出，净资产收益率的下降不在于资本结构，因为权益乘数没有变化，而是总资产报酬率发生了变化。

可以针对总资产报酬率进一步分解，见表 4-7。

表 4-7　总资产报酬率进一步分解情况

指标	总资产报酬率	收入净利率	总资产周转率
	(1)=(2)×(3)	(2)	(3)
第一年	7.39%	4.53%	1.63
第二年	6%	3%	2

通过以上分解可以看出，总资产周转率提高了，但由此带来的收益增长不足以弥补收入净利率下降带来的损失。至于收入净利率下降是由于价格太低还是成本太高，则需进一步通过分解指标来说明。

此外，通过与本行业平均指标或同类企业对比，杜邦分析体系还有助于解释变动的趋势。假设 B 公司是一家同类企业，有关比较数据见表 4-8。

A、B 两家公司的总资产报酬率的变化趋势是一致的，但通过分解可以看出原因是不同的，A 公司是缘于收入净利率下降，而 B 公司是缘于资产使用效率下降。

表 4-8　A、B 两公司总资产报酬率分解比较

指标		总资产报酬率	收入净利率	总资产周转率
		(1)=(2)×(3)	(2)	(3)
A 公司	第一年	7.39%	4.53%	1.63
	第二年	6%	3%	2
B 公司	第一年	7.39%	4.53%	1.63
	第二年	6%	5%	1.2

4.3.5 综合评价法

综合评价法是基于一定的分析目标，选择特定的财务和非财务指标，并对每个指标赋予不同的权重，然后计算出被评价对象的综合得分。这种方法可以对不同的企业按照得分的多少进行排名，有利于不同行业、不同类型企业之间的量化比较。

随着理论及实践的进步，人们发现单纯运用财务指标计算出的一系列指标并不能完全反映企业的经营绩效状况，所以综合评价法日益引起人们的重视。该方法在我国国有企业评价体系中也发挥了重要作用。1999 年财政部、国家经济贸易委员会、人事部、国家发展计划委员会四部委曾联合发布《国有资本金绩效评价规则》及《国有资本金绩效评价操作细则》，此后多次进行修订。表 4-9 为国务院国有资产监督管理委员会于 2006 年 9 月提出的《中央企业综合绩效评价指标及权重表》。

表 4-9　中央企业综合绩效评价指标及权重

<table>
<tr><th colspan="2" rowspan="2">评价内容与权数</th><th colspan="4">财务绩效（70%）</th><th colspan="2">管理绩效（30%）</th></tr>
<tr><th>基本指标</th><th>权数</th><th>修正指标</th><th>权数</th><th>评议指标</th><th>权数</th></tr>
<tr><td>盈利能力状况</td><td>4</td><td>净资产收益率
总资产报酬率</td><td>20
14</td><td>销售（营业）利润率
盈余现金保障倍数
成本费用利润率
资本收益率</td><td>10
9
8
7</td><td rowspan="4">战略管理
发展创新
经营决策
风险控制
基础管理
人力资源
行业影响
社会贡献</td><td rowspan="4">18
15
16
13
14
8
8
8</td></tr>
<tr><td>资产质量状况</td><td>22</td><td>总资产周转率
应收账款周转率</td><td>10
12</td><td>不良资产比率
流动资产周转率
资产现金回收率</td><td>9
7
6</td></tr>
<tr><td>债务风险状况</td><td>22</td><td>资产负债率
已获利息倍数</td><td>12
10</td><td>速动比率
现金流动负债比率
带息负债比率
或有负债比率</td><td>6
6
5
5</td></tr>
<tr><td>经营增长状况</td><td>22</td><td>销售（营业）增长率
资本保值增值率</td><td>12
10</td><td>销售（营业）利润增长率
总资产增长率
技术投入比率</td><td>10
7
5</td></tr>
</table>

4.3.6　平衡计分卡

1990 年开始，哈佛大学教授罗伯特・卡普兰和复兴全球战略集团总裁戴维・诺顿在总结十几家绩效管理处于领先地位的公司经验基础上，提出了平衡计分卡理论。平衡计分卡理论从财务、客户、内部运营及学习与发展 4 个相互关联的维度平衡定位和考核企业各个层次的绩效水平。不同的公司根据自己公司的特点及战略会选择不同的指标，图 4-2 为平衡计分卡示意。

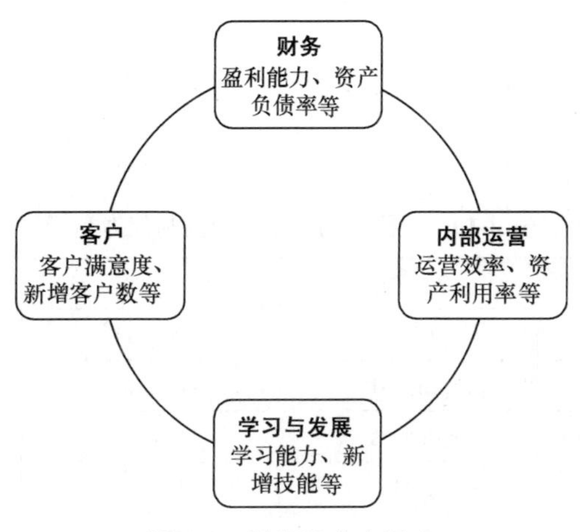

图 4-2　平衡计分卡示意

财务：从财务角度看，公司应怎样满足股东和投资者，实现股东价值的最大化，由此产生第一类指标及财务类绩效指标，它们是公司股东、投资者最关注的反映公司绩效的重要参数。

客户：满足客户需求，企业才能生存。从顾客的角度给自己设定评价指标，就能够保证企业的关注都会有成效。

内部运营：为了满足客户需求，获得令人满意的市场价值，从内部运营的角度应具有什么样的优势，企业必须把反映竞争优势的方面找出来，明确指标、分析现状、提出目标。

学习和发展：为了提升内部运营效率、满足客户需求、持续提升并创造股东价值，企业必须不断地成长，由此围绕组织学习与创新能力提升，对“人”的管理设定学习和发展类指标。

与其他分析方法不同的是，平衡计分卡4个维度的指标不是孤立的，而是有着内在的有机联系——组织的战略。平衡计分卡的设计思想就是有机地选择为数不多的绩效考核指标，通过特别的表格形式，清晰地体现组织的战略。

4.3.7 案例：中国移动2014年经营绩效分析

4.3.7.1 盈利能力分析

盈利能力分析见表4-10。

表4-10 中国移动上市公司盈利能力指标

盈利能力	2012年	2013年	2014年
运营收入（百万元）	560,413	590,811	581,817
净利润（百万元）	129,381	121,803	109,279
净资产报酬率（ROE）	18.81%	16.07%	13.25%
总资产报酬率（ROA）	12.91%	10.98%	8.87%
收入净利率	23.09%	20.62%	18.78%
EBITDA（百万元）	253,646	240,426	235,259
EBITDA收入率	45.3%	40.7%	40.4%
EVA（百万元）	93,340	83,950	68,722
EVA率	14.1%	12.1%	9.3%

EVA与总资产报酬率是反映企业盈利能力的核心指标，从中国移动2012—2014年的发展趋势来看，二者均呈现不断下降的趋势，反映出中国移动的盈利能力在逐步下滑。

但与竞争对手相比，中国移动的盈利能力依然遥遥领先。总资产报酬率是其他两家的2～4倍，EVA率是中国电信的9倍，详见表4-11。

表 4-11　三大运营商上市公司盈利能力对比指标

盈利能力	中国移动	中国电信	中国联通
服务收入（百万元）	581,817	287,379	244,878
净利润（百万元）	109,279	17,680	11,970
总资产报酬率	8.87%	3.20%	2.23%
净资产收益率	13.25%	6.22%	5.36%
收入净利率	18.78%	5.45%	4.89%
EBITDA（百万元）	235,259	94,853	93,050
EBITDA 收入率	40.4%	33.0%	32.2%
EVA（百万元）	68,722	3,208	-1,320
EVA 率	9.3%	1%	-0.4%

4.3.7.2　资产质量分析

资产质量分析见表 4-12。

表 4-12　中国移动资产质量分析指标

资产质量	2012 年	2013 年	2014 年
总资产周转率	0.56	0.53	0.47
固定资产周转率	1.34	1.30	1.11
资产现金回收率	23.02%	20.27%	17.13%

电信运营商是重资产企业，其总资产周转率偏低，且近年由于收入增长放缓，该指标进一步下滑。同时由于中国移动近两年投入巨资建设 4G 网络，固定资产增长较快，固定资产周转率下滑明显。另外从现金流角度看资产质量，公司每年经营的现金净流量仅能收回总资产的 20% 左右，且逐年下滑。因此从资产质量指标来看，中国移动也呈现出逐渐下降的趋势，见表 4-13。

表 4-13　三大运营商上市公司资产质量对比指标

资产质量	中国移动	中国电信	中国联通
总资产周转率	0.47	0.6	0.5
固定资产周转率	1.11	0.9	0.7
资产现金回收率	17.1%	17.5%	16.4%

与其他运营商相比，中国移动总资产周转率偏低，而固定资产周转率较高，这主要是由于中国移动拥有一些闲置资金造成的。

4.3.7.3 债务风险分析

债务风险分析见表 4-14。

表 4-14 中国移动债务风险分析指标

偿债能力	2012 年	2013 年	2014 年
资产负债率	31.1%	32.3%	33.8%
现金流动负债比率	77.5%	60.7%	48.9%
已获利息倍数	440	480	626

中国移动资金充裕，仅有的一笔带息债务为 2007 年由广东公司发行的 50 亿元债券。资产负债率很低，绝大部分负债为应付给设备商的设备款、应付职工薪酬、应付税金及预收账款等无息负债，因此其偿债能力较强。与中国电信、中国联通相比，中国移动的偿债能力优势尤其明显，见表 4-15。

表 4-15 三大运营商上市公司偿债能力对比指标

偿债能力	中国移动	中国电信	中国联通
资产负债率	33.8%	48.3%	58.3%
现金流动负债比率	48.9%	46.7%	30.2%
已获利息倍数	626	4.98	4.67

4.3.7.4 发展能力分析

发展能力分析见表 4-16。

表 4-16 中国移动发展能力分析指标

发展能力	2012 年	2013 年	2014 年
收入增长率	6.14%	5.42%	-1.52%
净利润增长率	2.79%	-5.86%	-10.28%
非话音业务收入占比	29.7%	39.8%	46.9%

近年来中国移动发展能力表现欠佳，收入增长率及净利润增长率下滑明显，尤其是 2014 年净利润出现了 10% 的大幅下滑。非话音收入占比逐步提升，尤其是以流量为代表的第二波收入增长迅猛，是公司未来发展的主要动力。

与其他运营商相比，中国移动发展能力明显落后，无论是收入增长率、净利润增长率还是非话音收入占比，中国移动均落后于中国电信和中国联通，见表 4-17。

表 4-17 三大运营商上市公司发展能力对比指标

发展能力	中国移动	中国电信	中国联通
收入增长率	-1.52%	1.15%	2.6%
净利润增长率	-10.3%	0.1%	15.0%
非话音业务收入占比	46.9%	72.8%	61.9%

4.4 行业政策变化对通信企业经营绩效的影响

4.4.1 营改增

营改增是我国新时期一项重要的税制改革。将电信业纳入“营改增”，一方面，将进一步完善增值税抵扣链条，促进电信行业的转型升级；另一方面，将增加下游企业进项税抵扣，降低社会整体税负，带动互联网、电子商务、云计算等相关产业的快速发展，助力国家实施“宽带中国”和“信息消费”战略。

营改增对运营商的收入影响较大，使本来收入增长乏力的运营商更加雪上加霜。一方面，营业税体制下和增值税体制下的收入计算口径发生了变化。营业税体制下，由于营业税是价内税，运营商的收入包含了上缴国家的营业税；而增值税体制下，由于增值税是价外税，增值税不包含在收入中。另一方面，税率有较大变化，邮电通信业营业税税率为3%，而营改增后，电信业的增值税税率变为基础电信服务11%和增值电信服务6%两档，即使是低档税率6%也比原税率提高了一倍。在三家运营商公布的2014年业绩中，均指出营改增对本公司收入有较大影响。

营改增后，原来运营商成本中不能抵扣的进项增值税现在可以抵扣了，因此成本也相应降低。企业进项税额包括资本性支出中的进项税及经营性支出中的进项税。资本性支出中的进项税是指固定资产的硬件、软件及安装、运输等过程中发生的进项增值税。网络主设备的进项税率一般为17%，而软件费、设计费等一般为6%。经营性支出中的进项税包括水电费、维修费、技术支撑费、广告费等各项支出中包含的进项税。根据增值税的征管办法，进项税只有获得增值税专用发票才能抵扣，因此如果支付对象为小规模纳税人或者个人（如人工成本）则不能抵扣。

综上所述，营改增降低了企业的收入，而成本虽然也比营业税制下有所下降，但下降的额度远远小于收入，因此营改增对运营商利润的影响是负面的。

营改增对企业的影响是巨大和深远的，除了上述对企业经营业绩产生影响外，还对企业的各项管理工作包括市场营销、采购管理、计划管理、税务及财务管理甚至IT支撑系统等都产生了巨大的影响。

4.4.2 铁塔公司

2014年7月15日中国铁塔股份有限公司正式成立，由中国移动、中国联通、中国电信分别出资40.0亿元、30.1亿元和29.9亿元，在铁塔公司中各持有40.0%、30.1%和29.9%的股权。

按照工业和信息化部的要求，从2015年1月1日起，三大运营商不再自己新建基站，全部交由铁塔公司负责，届时铁塔将以租赁的形式向三大通信商提供服务。2015 年 8 月底实现将存量铁塔资产注入铁塔公司，届时运营商使用的存量铁塔资源也将向铁塔公司租赁。

铁塔公司的运营将对运营商财务状况产生较大影响。第一，运营商不再建设铁塔及配套设施，将减少大笔资本开支。第二，如果存量铁塔注入，则运营商的资产将转移到铁塔公司，固定资产将转化为股权投资，折旧不再发生，同时存量资产在进行资产评估时如有增值则会产生一定的税费。第三，铁塔公司建设和管理的资产由铁塔公司负责维护，因此运营商将节省一部分维护费用。第四，将增加对铁塔公司资源的租赁费用。第五，由于三家运营商都是铁塔公司的股东，如果铁塔公司经营状况良好，则运营商会获得一定的利润分成；同时由于减少了资本开支和节约成本等因素，使运营商现金流增厚，预计会产生一定的利息收入。

根据中金公司测算，铁塔公司的成立将有利于三家运营商节约建设成本和运维成本，租金价格也会低于目前共建共享的价格，将有效提高运营商的利润水平。铁塔公司成立对运营商净利润影响分析如图 4-3 所示。

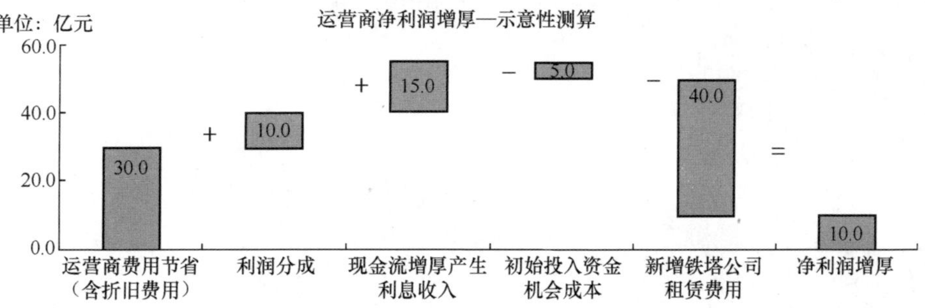

图 4-3　铁塔公司成立对运营商净利润影响分析示意

思考题

1. 企业经营绩效分析理论的发展经过了哪些阶段，每一阶段有哪些改进？

2. 通信企业经营绩效分析主要内容？主要分析指标的含义？

3. 通信企业经营绩效分析的方法有哪些？如何使用？

4. 营改增将对通信企业经营绩效产生哪些影响？

5. 铁塔公司的成立将对通信企业经营绩效产生哪些影响？

第5章 通信建设项目经济评价

通信建设项目经济评价是通信企业投资决策中重要的环节，适用于通信建设项目立项前期阶段的各项研究准备工作，包括规划、机会研究、项目建议书、可行性研究等，项目中间评价和后评价亦可参考应用。

5.1 通信建设项目经济评价概述

5.1.1 通信建设项目经济评价的概念及作用

通信建设项目经济评价，是在通信网规划、业务需求预测和项目工艺技术研究的基础上，通过多方案比较，运用定量分析与定性分析相结合、动态分析和静态分析相结合的方法，对拟建项目进行科学的分析和论证，为通信建设项目在经济上是否可行提供可靠的的决策依据。

通信建设项目经济评价是通信项目前期工作不可缺少的重要内容，对于加强通信行业固定资产投资宏观调控，提高投资决策的科学化水平，引导和促进各类资源合理配置，优化投资结构，减少和规避投资风险，充分发挥投资效益，具有重要的作用。

5.1.2 通信建设项目经济评价的内容

通信建设项目具有全程全网联合作业、周期性滚动性建设、社会效益显著等特点。

根据通信建设项目的特点，经济评价一般分为财务评价和国民经济评价两个方面。

财务评价也称财务分析，是在国家现行财税制度和价格体系的前提下，从项目的角度出发，测算项目范围内的财务效益与费用，分析项目的盈利能力、清偿能力和财务生存能力，评价项目的财务可行性。国民经济评价是在合理配置社会资源的前提下，从国家整体经济利益的角度出发，计算项目对国民经济的贡献，分析项目的经济效率、效果和对社会的影响，评价项目在宏观经济上的合理性。

通信建设项目经济评价，对于财务评价结论和国民经济评价结论都可行的建设项目，可予以通过；反之应予否定。对于国民经济评价结论不可行的项目，一般应予否定。

国家发展改革委和建设部颁布的《建设项目经济评价方法与参数》（第三版）（发改投资 [2006]1325 号文）（简称“三版”）中有如下规定：“对于关系公共利益、国家安全和市场不能有效配置资源的经济和社会发展等项目，除应进行财务评价外，还应进行国民经济评价；对于特别重大的建设项目应辅以区域经济与宏观经济影响分析方法进行国民经济评价。”鉴于目前通信企业都是自主经营的实体，通信建设项目的发起基本面向市场需求，因此一般通信建设项目经济评价重点在财务评价。对于投资规模大、涉及国家经济安全或者具有垄断性质的通信建设项目，除了进行财务评价外，还要采用经济费用效益分析的方法进行国民经济评价。

5.1.3 通信建设项目经济评价的原则

根据通信行业和建设项目的特点，通信建设项目经济评价的原则如下。

（1）通信建设项目的财务评价，必须遵循市场经济运行机制下的建设项目投资决策的一般原则和通信全程全网的特点，把近期效益和远期效益、局部效益和全网效益、企业效益和社会效益有机地结合起来。

全程全网联合作业是通信建设项目投资建设的一个最突出特点。这就决定了通信企业与其他企业之间进行结算所取得的业务收入，是整个通信网络各个环节协同配合而取得的。通信建设项目的财务评价，必须界定财务分析的主体，测算项目可能带来的收益，以及必须付出的代价。

（2）通信建设项目的财务评价工作应与国家和通信企业现行的有关财税制度和规定保持一致。

财务评价要与国家现行会计制度和税收法规相适应。考察获利能力是以利润为基础的，为了尽可能使利润的预测不脱离实际情况，在收入、成本费用和税金估算时必须与国家现行会计制度、税收法规相适应，以便使财务评价的结论具有可信度，提高投资决策的合理性。

（3）财务评价坚持静态分析与动态分析相结合，并以动态分析为主；定性分析和定量分析相结合，以定量分析为主的原则，计算投资项目在其整个计算期内的各种财务评价指标。

财务评价应以动态分析方法为主，即根据资金时间价值原理，考虑项目整个计算期内各年的效益和费用，采用现金流量分析的方法，计算内部收益率和净现值等评价指标。

（4）为了正确评价项目的获利能力，必须遵循费用与效益计算范围一致性原则。

如果在项目投资中包括了某项工程，那么由此带来的效益也应该考虑，否则就会低估了项目的整体效益；反之，如果该工程对项目效益的产生做出了贡献，但投资却未计算进去，那么项目的效益就受到了高估。只有将投入和产出限定在同一范围内，计算的净效益才是投入的真实回报。

（5）费用与效益识别的有无对比原则。

有无对比是项目评价中通用的费用与效益识别的基本原则，项目评价的许多方面都需要遵循这条原则，财务评价也不例外。所谓“有”是指实施项目后的将来状况，“无”是指不实施项目时的将来状况。在识别项目的效益和费用时，须注意只有有无对比的差额部分才是由于项目建设所增加的效益和费用。有些项目即使不实施，现状效益也会由于各种原因发生变化，采用有无对比的方法，就是为了识别那些真正应该算作项目效益的部分，即增量效益，排除那些其他原因产生的效益。同时也要找出与增量效益相对应的增量费用，只有这样才能真正体现项目投资的净效益。

5.1.4 营改增对通信建设项目财务评价的影响

5.1.4.1 营改增基本概念

营改增，就是以前缴纳营业税的应税项目改成缴纳增值税，简称“营改增”，是国家税收政策的重大改革。2014 年 6 月 1 日起，电信业正式纳入营业税改征增值税试点范围。

增值税是以商品（含应税劳务）在流转过程中产生的增值额作为计税依据而征收的一种流转税，普遍使用的计税方法是购进扣税法。营改增后，电信行业销项税率为 11% 和 6%，其中话音业务按照 11% 税率征收，设计、信息系统集成、互联网服务和增值业务则纳入部分现代服务业，按 6% 计征增值税。

5.1.4.2　营改增对通信企业的影响

营改增，在直接影响公司财务指标外，将对电信企业业务发展模式、合作商和供应商管理、关联交易安排、组织架构、信息系统等诸多方面带来冲击和挑战。

（1）营销方式的调整

营业税改增值税后，通信企业原有营销模式将发生变化。三大通信行业的促销模式通常是开展一些活动吸引顾客，例如赠送电信服务和赠送实物等。开展“营改增”之前，此类业务征收 3% 的营业税，“营改增”实行之后，视同销售的规定使这类业务视同销售，从而增加税负，会对原业务模式带来负面影响，因此电信企业需要积极调整营销策略，在提高通信业务销量的同时避免缴纳较高的增值税。

（2）初期企业税负可能增加

营改增后，当电信企业收入的销项税额小于资本性及成本支出所产生的进项税额时，企业的税负将有所减少，反之，企业的税负将有所增加。目前，电信企业适用的是 3% 的营业税率，“营改增”后，电信企业则需要分业务分别按 11% 和 6% 的增值税税率计算销项税额。电信行业营业人员数量较多，固定资产投入大，其主要开支在于人工成本和固定资产投资，而根据增值税暂行条例，人员薪酬部分开支是不可抵扣的，购买机器、设备能够抵扣的部分只有“营改增”后新购进的机器设备。这些因素造成可抵扣进项税额不足以弥补增加的销项税额，导致企业短期内税负增加。从长期来看，随着税负通过价格机制在上下游企业之间进行动态调整，进行税负转嫁后，税负将会相应下降。

（3）对通信企业经营成果的影响

增值税属于价外税，营改增后，由于电信企业对业务收入的确认和计量发生较大改变，即对原销售额需要价税分离，导致收入出现下降，如果企业定价不能进行调整，由缴纳营业税变为缴纳增值税将导致企业的收入下降。

同理，电信企业的成本费用的确认和计量也会相应减少，但由于不可抵扣成本的比重较大（如人工成本、折旧摊销等均不可抵），且可抵扣项目中，由于供应商不具备一般纳税人资质而无法取得合法抵扣凭证的情况大量存在，电信企业成本费用下降的幅度有限。因此，收入的下降及成本下降的有限会共同导致电信企业利润的长期下滑。

5.1.4.3 营改增对通信建设项目财务评价影响

营改增后，项目投资经济评价的相关数据及处理方式，随着财务制度的改变，将发生以下主要改变。

（1）**项目投资数据的变化**

项目建设投资，体现为项目建设购买货物或劳务的数值，在营改增前后，此数据是不变的，在项目未建成时，归在“在建工程”科目下。营改增后，项目投产时，在建工程形成固定资产，则为不含税数据，要扣除其购买设备及服务的进项税，而这些进项税，可以在项目建成后作为进项税抵扣。项目流动资金投资，数据不变。由于营改增后，项目投资所产生的进项税，可以在项目建成后的生产经营过程中作为抵扣，所以同一项目在营改增后，项目的相关现金流入有所增加。

（2）**项目营业收入数据的变化**

营改增前，项目的营业收入数据是含营业税的数据。营改增后，项目的营业收入数据，变为不含税的数据，与增值税销项税相加，才等于收取客户购买货物或服务的金额数据。同一项目，营改增后，营业收入数据变小。

（3）**项目成本数据的变化**

营改增前，项目的成本数据是全额的购入货物及劳务的数据。营改增后，项目的成本数据发生变化，购入有增值税票的货物及劳务，其数据变为不含税的数据，其相应的增值税进项税数据，同一项目，营改增后，成本数据变小。

5.2　通信建设项目的财务评价

5.2.1　通信建设项目财务评价基本概念

通信建设项目财务分析是从企业的角度考察项目的财务可行性，按照国家现行的财税制度、通信企业现行的财务制度，以现行价格为基础的预测价格和现行的通信资费标准，对项目的收益、费用、获利能力及公司借款偿还能力等财务状况进行预测、计算和分析，并据此评价项目财务上的可行性。

通信建设项目基本上为既有法人项目，通信企业每年的项目数量非常多，企业每年都会针对当年的投资规模进行现金流量分析，选定恰当的融资方案，因此通信建设项目财务分析一般忽略融资分析，主要考察项目在既定融资条件下的盈利能力、偿债能力、财务生存能力。但是对于大规模的投资项目或者独立法人项目，要进行融资分析。

通信建设项目盈利能力分析主要通过财务净现值、财务内部收益率、财务静态投资回收期等指标判断项目在盈利能力方面是否可行；偿债能力分析主要分析判断项目的偿债能力；财务生存能力分析则是通过财务计划现金流量表，分析项目是否有足够的净现金流量维持正常运营，以实现财务的可持续性。基于通信企业和通信建设项目的特点，通信建设项目财务评价的重点是进行盈利能力分析，偿债能力和财务生存能力根据项目特点选择进行分析。

5.2.2　通信建设项目财务评价指标和表格

5.2.2.1　财务评价指标

为从不同角度进行财务分析、全面评价通信建设项目的经济效益，财务评价指标体系包括盈利能力指标和清偿能力指标。盈利能力指标主要有财务内部收益率、财务净现值、财务静态投资回收期、总投资收益率；清偿能力指标主要指借款偿还期。见表 5-1。

表 5-1　通信建设项目财务评价指标体系

盈利能力指标	清偿能力指标
财务内部收益率	借款偿还期
财务净现值	资产负债率
财务静态投资回收期	流动比率
总投资收益率	速动比率

（1）**财务净现值**

财务净现值就是通信建设项目在计算期内按基准财务内部收益率（i_c）折现逐年净现金流量现值的代数和。计算见公式（5-1）。

$$FNPV=\sum_{t=1}^{n}(CI-CO)(1+i_c)^{-t} \tag{5-1}$$

其中，***FNPV*** 表示财务净现值；

CI 表示现金流入量，***CI***= 营业收入 + 固定资产余值 + 回收流动资金；

CO 表示现金流出量，***CO***= 固定资产投资＋流动资金＋经营成本＋营业税金及附加＋所得税；

营业税金及附件（***Ta***）= 营业税＋城市建设维护税＋教育费附加；

t 表示年份；

(CI–CO)t 表示第 ***t*** 年的净现金流量；

n 表示计算期年数；

i_c 表示基准财务内部收益率。

项目财务净现值是考察项目盈利能力的绝对量指标，它反映项目在满足按设定折现率要求的盈利之外所能获得的超额盈利的现值。项目财务净现值等于或大于零，表明项目的盈利能力达到或超过所要求的盈利水平。

（2）**财务内部收益率**

财务内部收益率（FIRR）是指能使项目在整个计算期内各年净现金流量现值累

计等于零时的折现率，它是考察项目盈利能力的相对量指标。其表达见公式（5-2）。

$$\sum_{t=1}^{n}\left[(CI-CO)_t(1+FIRR)^{-t}\right]=0 \tag{5-2}$$

其中，***FIRR*** 表示财务内部收益率；

$\boldsymbol{n}$ 表示计算期年数。

项目财务内部收益率一般通过计算机软件中配置的财务函数计算，若需要手工计算，可根据财务现金流量表中净现金流量，采用试差法进行计算，将求得的财务内部收益率与财务基准收益率 $\boldsymbol{i_c}$ 进行比较，当 $\boldsymbol{FIRR \geqslant i_c}$ 时，即认为项目的盈利性能够满足要求。

（3）**静态投资回收期**

静态投资回收期是以建设项目的收益抵偿全部投资（包括固定资产投资、投资方向调节税和流动资金）所需的时间，是反映通信建设项目的一项主要综合评价指标，通常与财务内部收益率结合使用。

投资回收期一般自建设开始年算起，有时根据项目具体情况也从项目投产年开始算起。

财务静态投资回收期的表达见公式（5-3）。

$$\sum_{t=1}^{p_{st}}(CI-CO)_t=0 \tag{5-3}$$

其中，$\boldsymbol{p_{st}}$ 表示财务静态投资回收期；

$\boldsymbol{t}$ 表示年份。

在项目评价中，求出的静态投资回收期与通信部门的基准静态投资回收期比较，当 $\boldsymbol{P_{st} \leqslant P_t}$ 时，即认为项目在财务上是可以考虑接受的。财务静态投资回收期经济意义明确、直观，计算简便，在一定程度上反映了投资效果的优劣，因而获得了广泛应用。但是，财务静态投资回收期指标只考虑了投资回收之前的效果，不能反映回收投资之后的情况，无法全面反映盈利水平。此外，它不考虑资金时间价值，无法正确识别项目优劣。因此，财务静态投资回收期指标一般和财务内部收益率指标结合起来应用。

（4）**总投资收益率**

总投资收益率是指项目在生产期内平均利润总额与项目总投资的比率，也就是单位投资在生产期内的平均年获利能力，用于表示总投资的盈利水平。其计算见公式（5-4）。

$$ROI=\frac{EBIT}{TI}\times 100\% \tag{5-4}$$

其中，***ROI*** 表示总投资收益率；

EBIT 表示项目正常年份的平均息税前利润；

息税前利润 = 净利润 + 所得税 + 利息支出；

TI 表示总投资；

总投资 = 固定资产投资＋建设期利息＋流动资金。

（5）**借款偿还期**

根据通信建设项目资金来源及运用情况，以项目投产后可作为还款的资金偿还产投资借款本金和建设期利息所需的时间，见公式 (5-5)。

$$I=\sum_{t=1}^{P}(R+D+D'+R') \tag{5-5}$$

其中，***P*** 表示借款偿还期；

I 表示投资借款本金和建设期利息之和；

R 表示可作为偿还能力的年利润；

D 表示可作为偿还能力的年基本折旧；

D' 表示可作为偿还能力的年摊销费；

R' 表示可作为偿还能力的其他资金。

通信建设项目的借款偿还期一般计算项目的最大偿还能力，作为考察项目偿债能力的参考指标。

5.2.2.2 财务评价表格

（1）**财务评价基本报表**

通信建设项目财务评价的基本报表主要包括项目投资财务现金流量及净

现值计算表、损益表、资金来源与运用表、资产负债表、借款还本付息计算表。

需要注意的是，一般工业项目的财务现金流量表包括项目投资现金流量表和项目资本金现金流量表，文中通信行业现金流量表均指项目全部投资的现金流量表。

① 财务现金流量及净现值计算表

项目投资财务现金流量表，是在不考虑融资方案的情况下编制的，它以全部投资作为投资计算基础，反映通信项目在计算期内各年的现金流动（现金流入和现金流出），用以计算全部投资的财务静态投资回收期、财务内部收益率、财务净现值和财务净现值比等财务评价指标，全面反映项目本身财务上的获利能力，进行项目盈利性分析。同时，它不分资金来源和利息多少，为各种投资方案的比较建立了共同的基础。基本格式参见表 5-2。

表 5-2　财务现金流量及净现值计算

单位：万元

项目 \ 分期 / 年度 / 编号	建设期	生产期			
年度					
编号	1	2	3	…	n
（一）现金流入					
总收入					
固定资产余值					
回收流动资金					
（二）现金流出					
固定资产投资					
流动资金					
经营成本					
营业税金及附加					
所得税					
（三）净现金流量					
（四）累计净现金流量					
（五）净现值					
$i=i_c$ 的贴现系数					
净现金流量现值					

② 损益表

损益表反映项目在计算期内各年的利润总额以及所得税前及所得税后的利润分配，用以计算投资利润率和投资利税率等财务评价指标，并为资金来源与运用表和资产负债表提供相关数据。基本格式参见表5-3。

③ 资金来源运用表

资金来源运用表是根据项目的具体财务条件，反映项目在计算期内各年的资金盈余和短缺情况，用于选择资金筹措方案，制订适宜的借款及偿还计划，并为编制资产负债表提供相关数据。基本格式参见表5-4。

表5-3　损益情况

单位：万元

项目 \ 分期	建设期	生产期			
年度					
编号	1	2	3	…	n
（一）收入					
（二）营业税金及附加					
（三）总成本费用					
（四）利润总额					
（五）应纳税所得额					
（六）所得税					
（七）税后利润					
盈余公积					
公益金					
应付利润					
未分配利润					
（八）累计未分配利润					

表 5-4　资金来源运用

单位：万元

项目 \ 分期 / 年度 / 编号	建设期	生产期			
年度					
编号	1	2	3	…	n
（一）资金来源（小计）					
利润总额					
折旧费					
摊销费					
长期借款					
短期借款					
自有资金					
其他资金					
回收固定资产余值					
回收流动资金					
（二）资金运用					
固定资产投资					
建设期利息					
流动资金					
所得税					
增值税					
应付利润					
长期借款本金偿还					
短期借款本金偿还					
（三）盈余资金					
（四）累计盈余资金					

④ 资产负债表

资产负债表用于综合反映通信建设项目计算期内各年年末资产、负债和所有者权益的增减变化及对应关系，基本格式参见表 5-5。

表 5-5 资产负债

单位：万元

项目 \ 分期 / 年度 / 编号	建设期	生产期			
	1	2	3	…	*n*
（一）资产					
（1）流动资金总额					
流动资金					
累计盈余资金					
（2）在建工程					
固定资产					
（3）无形资产					
递延资产净值					
（二）负债及所有者权益					
（1）短期借款					
（2）长期借款					
负债小计					
（3）所有者权益					
资本金					
资本公积金					
累计盈余公积（含公益）					
累计未分配利润					

⑤ 借款还本付息计算表

该表反映通信项目计算期内各年借款本金偿还和利息支付情况，基本格式参见表 5-6。

表 5-6　借款还本付息计算

单位：万元

项目 \ 编号 \ 年度 \ 分期	建设期	生产期			
年度					
编号	1	2	3	…	n
借款偿还					
年初借款本息累计					
本年借款					
建设期利息					
本年应付利息					
本年还本					
本年付息					
年末借款本息累计					
还款资金来源					
可还款利润					
折旧费					
摊销费					
其他资金					
来源合计					
偿还本金余额					

（2）**财务评价辅助报表**

通信建设项目财务评价辅助报表主要包括工程建设投资估算表、投资使用计划表、总成本费用估算表和收入预测表等。

辅助报表没有固定的表格形式，常用表格样式参见下列各表。

① 投资估算表

投资估算见表 5-7。

表 5-7　工程建设投资估算

序号	投资项目	投资估算	投资估算（含税）
		美元	人民币（万元）
一	设备部分		
1	设备费		
2	安装工程费		
3	工程建设其他费		
4	预备费		
5	建设期贷款利息		
	（1～5）合计		
6	配套部分		
	（6）合计		
	设备合计		
二	线路部分		
1	线路投资		
2	预备费		
3	建设期贷款利息		
	（1～3）合计		
	投资估算总计		

② 投资使用计划及资金筹措表

投资使用计划及资金筹措见表 5-8。

表 5-8　投资使用计划及资金筹措

年度 / 编号 / 资金 / 项目	1		…		n		合计	
	人民币	其中：外币	人民币	其中：外币	人民币	其中：外币	人民币	其中：外币
（一）总投资								
固定资产投资								
建设期利息								
流动资金								
（二）资金筹措								
自有资金								
其中：用于流动资金								
借款								
其他								

③ 总成本费用估算表

总成本费用表体现项目产生的各项成本，各运营商财务报表总成本内容略有不同，成本费用估算参见表 5-9。

表 5-9　总成本费用估算

项目 \ 分期 / 年度 / 编号	建设期	生产期			
年度					
编号	1	2	3	…	n
（一）总成本					
人工成本					
折旧费及摊销					
网络运行维护费					
营业费用					
管理费用					
财务费用					
其他费用					
（二）经营成本					

④ 收入估算表

收入估算见表 5-10。

表 5-10　收入估算

项目 \ 分期 / 年度 / 编号	建设期	生产期			
年度					
编号	1	2	3	…	n
合计					

5.2.3 通信建设项目财务评价的内容和方法

5.2.3.1 通信建设项目财务评价的框架和流程

目前通信建设项目财务评价一般采用的框架和流程如图 5-1 所示。

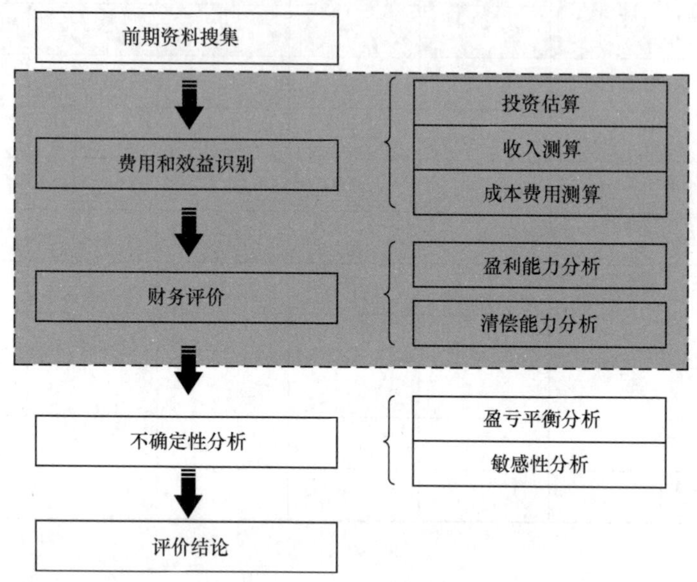

图 5-1 通信建设项目财务评价的框架和流程

5.2.3.2 财务评价效益费用识别

（1）计算期的取定

通信建设项目计算期是依据主要设备的经济寿命和使用寿命，按照需要和可能确定的。由于通信技术发展很快，设备的更新换代周期较短，通信设备的经济寿命要比物理寿命短得多，因此，通信建设项目的计算期不宜取得太长。

在进行通信建设项目财务评价时，应当结合不同企业的具体情况确定各类项目的计算期，见表 5-11。

表 5-11　不同类型项目计算期参考

项目类型	计算期参考值
移动网项目	8 ～ 10 年
宽带接入项目	5 ～ 8 年
增值平台、信息化项目	5 ～ 8 年
局房项目	15 ～ 20 年

（2）**财务基准指标的确定**

财务评价的基本指标包括财务内部收益率、财务净现值、静态投资回收期。利用这些指标判别项目是否可行时，需要使用基准参数。基准参数的确定一般与行业平均收益水平、银行贷款利率、项目风险、项目决策者喜好等因素有关，要由行业主管部门或企业决策者确定。

在确定财务基准指标时，需要注意以下几点。

① 目前通信行业没有公布统一的基准评价指标，一般根据企业自身的情况确定评价基准指标。

② 评价项目计算指标不能取得一致结果时，以财务基准收益率、静态投资回收期为准。

③ 基准参数要保持相对稳定性。

④ 关于财务基准收益率。财务评价中最重要的基准参数是内部收益率是否满足要求的判别基准，也可称作财务基准收益率。同时它也是计算净现值的折现率，在使用财务基准收益率时必须注意以下几点。

- 基准内部收益率的设定应考虑行业边际收益率、银行贷款利率、资金成本和项目风险等因素。
- 企业在投资决策时，追求企业价值最大化，其财务内部收益率的判断基准可以运用企业所拥有资产的加权平均资金成本（WACC）。
- 通信建设项目财务基准收益率亦可参照行业平均收益率水平或者同

类项目的评价标准。

（3）**投资估算**

投资估算是项目财务评价的重要基础，建设项目总投资的构成如图 5-2 所示。

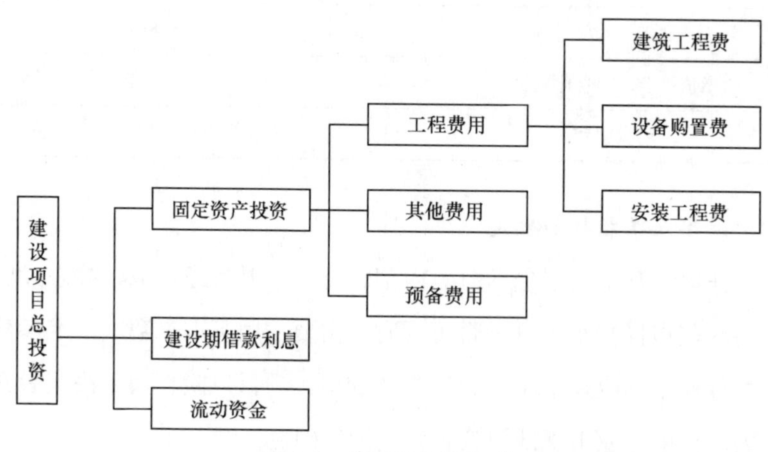

图 5-2　项目总投资构成

建筑工程费是指为建造永久性和大型临时性建筑物和构筑物所需要的费用。

设备及工器具购置费，包括设备的购置费、工器具购置费、现场自制非标准设备费、生产用家具购置费和相应的运杂费。设备购置费应根据项目主要设备表及价格、费用资料进行估算。

安装工程费包括需要安装的各种机电设备的装配、安装工程，与设备相连的工作台、梯子及其装设工程，附属于被安装设备的管线及其敷设工程，被安装设备的绝缘、保温、防腐工程等费用以及单体试运转和联动无负荷试运转的费用。安装工程费通常按行业有关安装工程定额、取费标准和指标进行估算。

工程建设其他费用包括土地使用费、建设单位管理费、勘察设计费、研究试验费、建设单位临时设施费、工程建设监理费、工程保险费、施工机构迁移费、引进技术和进口设备其他费用、联合试运转费、生产职工培训费、办公及生活家具购置费。工程建设其他费用的具体科目及取费标准处在变动之中，应根据各级政府物价部门的有关规定并结合项目的具体情况确定。

预备费是指在可行性研究阶段难以预料的费用，又称工程建设不可预见费，主要指设计变更及施工过程中可能增加工程量的费用。基本预备费以建筑工程费、设备及工器具购置费、安装工程费及工程建设其他费用之和为基数，按行业主管部门规定的基本预备费率计算。

项目建设投资（包括固定资产投资及建设期利息）在营改增前后数据是不变的，在项目未建成时，归在“在建工程”科目下。营改增后，项目投产时，在建工程形成固定资产，则为不含税数据，要扣除其购买设备及服务的进项税，而这些进项税，可以在项目建成后作为进项税抵扣。项目流动资金投资，数据不变。由于营改增后，项目投资所产生的进项税，可以在项目建成后的生产经营过程中作为抵扣。所以同一项目，营改增后，项目的相关现金流入有所增加，举例如下。

某进设备价款 100 万元，营改增前固定资产计价 100 万元，营改增后计价变化为：

固定资产计价 =100/(1+17%)=85.47 万元；

增值税进项税 =85.5×17%=14.53 万元。

需要注意的是，结合税法规定，电信企业仍有一部分不能抵扣进项税的事项，主要包括：①不动产建筑工程投资；②不动产租赁、维修支出，如房屋、营业厅、铁塔等；③建设用地及综合赔补费。

（4）**固定资产余值估算**

通信建设项目固定资产余值一般按两种情况计算。

① 设备的净残值

所谓净残值就是项目退出服务时的剩余价值（即残值）减去清理费，清理费主要是拆除时的人工费和运杂费。通信建设项目净残值一般为固定资产原值的 3%。

② 未提完的折旧

部分资产在计算期到时尚未提完折旧，未提完的折旧计入固定资产余值。

（5）流动资金的估算

在财务评价中，流动资金应视作建设项目总投资的一部分。通信建设项目流动资金估算方法一般有定额计算法和扩大指标估算法，一般应用较多的是扩大指标估算法。

由于流动资金的多少与通信企业的年经营成本相关程度最高，所以用经营成本比例测算流动资金也就更契合实际，计算见公式（5-6）。

$$Y_2 = \frac{X_2}{X_1} Y_1 \tag{5-6}$$

其中，$\boldsymbol{Y}_1$ 表示同类项目近年来平均流动资金占用额（不包括用于基本建设的设备、材料的资金占用）；

$\boldsymbol{Y}_2$ 表示拟建项目计算年所需流动资金；

$\boldsymbol{X}_1$ 表示同类项目近年来年平均经营成本；

$\boldsymbol{X}_2$ 表示拟建项目计算年经营成本预测值。

（6）财务评价税金

通信建设项目财务评价涉及的税费主要包括增值税、营业税、所得税、城市维护建设税和教育费附加等。

① 企业所得税。是针对企业应纳税所得额征收的税种，项目评价中应注意按有关税法对所得税前扣除项目的要求，正确计算应纳税所得额，并采用适宜的税率计算企业所得税，同时注意正确使用有关的所得税优惠政策，并加以说明。通信建设项目财务评价中一般按照 25% 取定，如果享有税收优惠政策，则按照企业实际所得税率取定。

② 营业税。营业税税额 = 收入 × 营业税税率，一般通信建设项目营业税税率取 3%。

营改增后，电信企业仍有部分收入需征收营业税，如不动产租赁收入（含铁塔）。

③ 城市维护建设税和教育费附加。营改增后以增值税为基数进行计算，属于地方税种，项目评价中应注意遵循当地的规定。

城市维护建设税 = 增值税税额 × 城市维护建设税税率；

教育费附加 = 增值税税额 × 教育费附加率。

（7）法定盈余公积金和公益金的确定

根据现行的财会制度，通信建设缴纳所得税后的利润，除弥补以前年度亏损外（税前 5 年未弥补完部分），要提取法定盈余公积金、公益金以及向投资者分配利润等。

① 法定盈余公积金按照税后利润扣除弥补以前年度亏损后的 10% 提取，盈余公积金达到注册资金的 50% 时，不再提取。在财务评价中，固定资产投资中的自有资金作为注册资金。

② 根据相关规定，公益金的提取应略低于盈余公积金，财务评价中的公益金按税后利润的 9% 提取。

（8）收入测算

通信建设项目收入测算的一般测算方法是：业务收入 = 业务量 × 业务资费。

其中，业务量可以是移动用户数、固定电话用户数、计费时长、数据流量、电路数量等；业务资费可以是单位分钟资费、单位流量资费、单位用户年收入、单位电路租费等。

在测算通信建设项目收入时应该注意以下几点。

- 通信建设项目财务分析的收入估算，关键是尽可能准确地预测未来各年的市场情况，从而测算每年的项目收入。
- 在计算业务收入时，应分析网络能够提供的业务，分析每项业务的使用模式，预测研究期内每年的业务量和业务资费，在此基础上计算出业务收入。
- 确定业务资费发展趋势时要综合考虑政府管制、竞争者策略、国际资费发展情况等因素。

下面给出各类典型通信项目的测算方法供参考。

① 移动通信建设项目收入测算

移动通信包括无线网、核心网建设以及相关配套建设。移动通信项目收入计算公式为：

移动通信业务年收入＝当年平均移动用户数 × 当年单位用户收入。

- 平均移动用户数测算与固定网本地电话平均用户数的测算方法基本相同。
- 当年单位用户年收入。随着我国移动通信的迅速发展，移动用户每户年收入也在逐年降低。根据企业历史资料，预测生产期每户通信业务量（通话时长），根据现行资费、单位时长平均收入及其变化趋势，考虑平均成本水平及竞争的影响，预测单位时长平均收入，测算单位用户年收入。

② 数据及增值业务项目收入测算

数据通信业务主要包括互联网数据传送业务、国际数据通信业务、固定网数据传送业务、无线数据传送业务等；增值通信业务一般都是基于基础通信网络开发的，适应特定市场需求的业务。数据及增值业务种类繁多，新的业务类型也不断出现，每种业务的业务量表现方式都有差异，计费方式也各不相同，有的业务按照用户包月收费，还有按照用户使用量计费，根据计费方式其业务收入计算方式可表示为以下两种。

数据及增值业务年收入＝平均用户数 × 单位用户年收入；

数据及增值业务年收入＝业务量 × 单价。

在计算数据及增值业务收入时，同样要界定项目范围，理清和其他业务间的关系。

③ 固定网本地电话收入测算

固定网本地电话业务的收入测算方式可表示为：

本地电话业务年收入＝当年平均用户数 × 当年单位用户收入。

- 根据市场预测，确定各类细分用户各年平均用户数和通信使用量。

项目财务评价中计算平均用户数，假定一年内各月平均发展用户等于年初和年末用户数的算术平均数，当年平均用户数 =（年初用户数＋年末用户数）/2。

- 分析资费变化趋势，预测生产期内单位用户年收入。

本地电话资费一般由基本月租费、单位通话费用、新功能使用费等构成。

- 根据用户预测和单位用户年收入，计算本地电话用户的总收入。

④ 传输项目收入测算方法

传输项目主要包括三类：传输线路建设项目、传输设备建设项目、线路和设备同时建设的传输项目。传输电路作为基础服务设施，目的主要有两个：自用和出租。自用目的建设的传输项目一般结合业务网络统一进行项目财务评价，也可以参照出租电路的形式测算项目效益。出租目的的传输项目收入计算公式为：

传输项目收入 = 当年出租、出售电路（或光缆）数量 × 出租（或出售）单价。

在实际计算项目收入时应参考政府部门发布的电路资费标准，考虑竞争因素，以实际使用的电路租费计算项目收入。

⑤ 辅助生产类项目收入测算方法

辅助生产类项目主要包括计费、网管、电源系统改造、企业管理信息系统、办公自动化、局房建设等项目。这类项目的特点是：

- 其效益是体现在全网效益中的，难以直接计算；
- 以保障或提高通信质量、改善劳动条件为目标；
- 是通信生产的必要组成部分。

辅助生产类项目在财务评价中以多方案的比较和选优为重点，以具体的经济指标为辅。此类项目一般不需要单独进行项目财务评价。如有特殊要求，尽量和相关业务网络统一进行财务评价。

需要注意的是，“营改增”后，测算收入中取得的单价都要以净价为基数，即不含销项税的价格。

（9）总成本费用测算

通信建设项目成本的构成没有一个绝对统一的模式，各企业可根据自身情况、在满足各项财务规章制度的条件下设立成本明细表。在财务评价中，成本的构成形式和内容不是固定不变的，计算时可根据项目具体情况估算项目的成本费用。

在测算通信建设项目各种费用时，各项成本估算应与营业收入的计算口径对应一致，费用要划分清楚，防止重复计算或低估费用支出。

通信建设项目成本估算，主要以项目建设企业的历史成本资料作为参考，考虑企业性质、经济发展水平等因素估算项目投产后的成本。

通信建设项目成本费用一般包括营业费用（或销售费用）、网运成本、财务费用、人工成本、业务费用及其他管理费、折旧费、财务费等。

① 人工成本

工资包括支付给人员的薪酬、奖金、住房补贴、职工福利、保险等支出，人工成本的计算公式：

人工成本 = 项目需要生产人员 × 预测人均年人工成本。

② 营业费用

营业费用主要包括在市场营销、客户发展、客户维系服务过程中所产生的费用，包括渠道成本、终端补贴、广告宣传费、客户维系及服务成本等。营业费用一般按照项目收入的一定比例计算：

营业费用 = 项目收入 × 预测营业费用占收入比重。

③ 网络运营维护费

网络运营维护费是为保证公司网络正常运行所产生的运行费用和维护费用，网运成本不带来固定资产的增加或减少，主要包括网络运行成本（能耗成本、租赁费、频率占用费等）和网络维护成本（修理行维护费等）两类。一般认为，网络运营成本与固定资产规模密切，可按照固定资产原值的一定比例测算：

网络运营维护费 = 固定资产原值 × 预测网络运营维护费占固定资产原值比重。

④ 业务费及其他管理费

指在公司日常运转中所产生的业务费及其他管理费，按管理效率和管理属性，包括办公、租赁等费用支出。办公费包括车辆使用费、通信费、差旅费、会议费、业务招待费等；租赁费及其他主要包括管理用房的租赁费、能耗成本及修理维护费，以及物业管理费、财产保险费、咨询及中介机构费。

业务费及其他管理费项目繁多但数额较小，且在数量上往往有严格的控制，一般可按照收入的一定比例测算：

业务费及其他管理费 = 项目收入 × 业务费及其他管理费占收入比重。

⑤ 折旧费

折旧费的计算和固定资产有关，其计算公式为：

折旧费 = 分项固定资产原值 × 分项固定资产折旧率。

不同电信企业对固定资产折旧的规定是不一样的，通信建设项目固定资产折旧年限和折旧率一般参照企业财务规定执行。

⑥ 财务费用

财务费用包括利息支出和其他财务费用。

利息支出根据项目的借款数量、利率和借款条件计算。

其他财务费用 = 经营成本（不含其他财务费用）× 预测单位相同费用其他财务费用占用额。由于其他财务费用在通信建设项目中数额较少，一般不计。

营改增后，建设项目的成本数据会发生变化，购入有增值税票的货物及劳务，其数据变为不含税的净价。计算方法为：可抵扣成本费用 = 成本费用发生额/（1+增值税率），可抵扣增值税进项税 = 可抵扣成本费用 × 增值税率。

结合税法相关规定以及公司的现状，目前电信企业不可抵扣进项税的成本费用项目主要包括以下事项：折旧及摊销、人工成本支出、国际业务支出、招待、差旅、会议费、财务费用、资产减值损失等，其他均属于可抵扣项目。电信企业成本费用适用的进项税税率主要有三档：17%（制造类）、11%（网间结算类）和 6%（服务类）。

5.2.3.3 财务评价

财务评价一般通过基础数据测算，运用软件计算，形成财务评价的整套表格和计算指标。需要说明的是，营改增后，财务评价的报表和指标测算所使用的数据（包括投资估算、收入及成本费用）均为不含增值税数据，如有特别需要列出收入、成本、投资的增值税销项税或增值税进项税，可按第二节中财务评价的内容和方法中的投资估算、收入测算、总成本费用测算三节中关于增值税的说明内容进行测算。

（1）**财务评价的数据表**

财务评价的数据表可根据项目的具体情况列示，一般包括以下几个表格。

① 财务现金流量及净现值计算表

② 损益表

③ 资金来源运用表

④ 资产负债表

⑤ 借款还本付息计算表

⑥ 收入测算表

⑦ 总成本费用测算表

（2）**财务盈利能力分析**

项目通过计算，得出一系列财务评价指标，主要包括财务内部收益率、财务净现值、投资回收期等指标。这些指标是反映项目盈利能力的主要指标。

项目财务内部收益率大于基准财务内部收益率，净现值大于0，静态投资回收期小于基准回收期，判断项目在财务上可行；反之财务内部收益率小于基准财务内部收益率，净现值小于0，静态投资回收期大于基准回收期，判断项目在财务上不可行。

（3）**清偿能力分析**

有借款条件时，按照条件进行还款，如果项目出现还款资金不足的情况，要利用短期借款解决；没有规定借款条件时，按照项目能力还款。目前通信建设项目一般按照能力还款。

金融机构在考虑是否向通信企业贷款时，考察的是企业的总体偿债能力，因此清偿能力分析要在企业总体范围内进行，而目前财务评价中的清偿能力分析只作为项目还款能力的参考。

5.2.3.4　不确定性分析

通信建设项目财务评价所采用的基本变量都是对未来的假设和预测，因而带有不确定的性质。不确定性分析通过对拟建项目有重大影响的因素进行检查和剖析，计算出重大可变因素的增减引起项目财务效益的变化幅度，预测最终评价的可靠性，使项目的投资决策建立在较为稳妥的基础上，避免承担较大的经济风险。

不确定性分析一般包括敏感性分析、临界值分析和概率分析。在通信建设项目中经常采用的是敏感性分析，盈亏平衡分析视项目具体情况而定。

（1）**敏感性分析**

敏感性分析是预测拟建项目经济性的主要因素发生变化时，通信建设项目经济评价指标的变化幅度，以判断建设项目的抗风险能力。

在通信建设项目中，可能引起项目经济效益发生重大变化的主要因素通常包括通信资费标准、通信产品需求量、工程造价、外汇比值、借款利率、经营成本和建设周期等。这些因素的变化可以归结为固定资产投资、收入、经营成本的变化，因此通常对这三个变量进行敏感性分析。若某一项主要因素已发生较大变化的趋势，也可以单独对其进行敏感性分析。

一般通信建设项目敏感性分析的变化幅度为 ±10%、±20%、±30%，以此为高低限值计算财务内部收益率、财务净现值、静态投资回收期指标。将敏感性分析的结果汇总整理后编制敏感性分析表，也可以此为基础绘制敏感性分析图。

敏感性分析通常见表 5-12。

表 5-12　敏感性分析

序号	变化率 / 项目	-30%	-20%	-10%	预测值	+10%	+20%	+30%
一	收入							
1	财务内部收益率（%）							
2	静态投资回收期（年）							
3	财务净现值（万元）							
二	固定资产投资							
1	财务内部收益率（%）							
2	静态投资回收期（年）							
3	财务净现值（万元）							
三	经营成本							
1	财务内部收益率（%）							
2	静态投资回收期（年）							
3	财务净现值（万元）							

（2）**盈亏平衡分析**

盈亏平衡分析以营业收入作为不确定因素进行临界值分析。盈亏平衡点越低，说明企业经营的安全程度越大，承受风险的能力越强。

根据通信专业的特点和现行财务制度，盈亏平衡点的计算见公式（5-7）。

$$Q_{Bep}=\frac{C_f}{S_u(1-k)-C_u}$$

$$R=\frac{Q_{bep}}{m} \tag{5-7}$$

其中，Q_{bep} 表示盈亏平衡点的业务量；

R 表示盈亏平衡时生产能力利用率；

C_f 表示年不变成本；

C_u 表示单位交换量的可变成本；

s_u 表示单位通信产品年营业收入；

k 表示经营税率（经营税率是营业税、城市建设维护税和教育费附加三者的综合税率）；

m 表示新增生产能力。

公式（5-7）可用图解法进行近似计算，如图 5-3 所示。

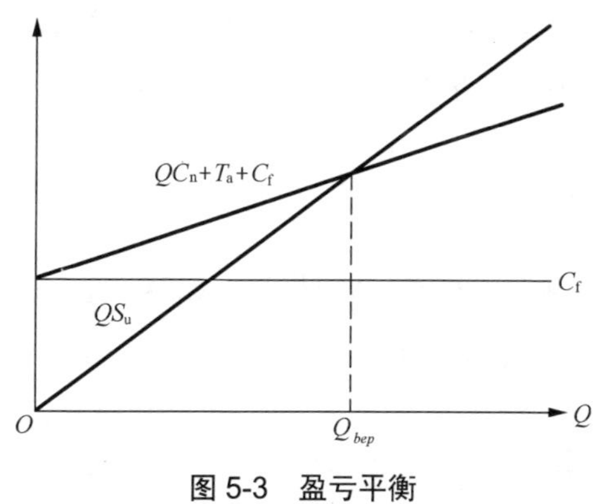

图 5-3 盈亏平衡

其中，T_a 为经营税金，$T_a=Q \cdot S_u \cdot k$；Q_{bep} 为盈亏平衡点。

5.3 通信建设项目的比较和选优

在通信建设项目可行性研究中，对于局址选择、路由选择、设备选型、传输手段、接口方式、供电方式、工艺流程及分期建设等许多技术经济问题，通常需要进行多方案比较，经过优选后做出抉择。方案比较是通信建设项目财务评价的重要组成部分。

方案比较可对各方案的全部财务效益或者费用进行全面对比。为简化计算，进行方案比较时，一般只比较不同因素引起的变化，不必以全部因素计算绝对经济效果，但对增减的因素应力求做到不要漏项。

不同类型的方案比选时采用的方式也不一样。

5.3.1 通信建设项目经济关系的类型

通信企业在建设时所面临的项目（方案）选择往往并不是单独一个项

目，而是一个项目群，其追求的不是单一项目（方案）的局部最优，而是项目群的整体最优。因此，投资主体在进行项目群选择时，除考虑每个项目（方案）的经济性之外，还必须分析各项目（方案）之间的相互关系。项目群（方案）之间的经济关系分为如下几种类型。

5.3.1.1 互斥型方案

互斥型的特点是项目（方案）之间相互不相容。在互不相容的项目（方案）中，能够任选一个并且只能选择一个。

5.3.1.2 独立型方案

独立型的特点是项目（方案）之间具有相容性，只要条件允许，就可以任意选择项目群中的有利项目。

5.3.1.3 层混型方案

在一组方案中，方案之间有些具有互斥关系，有些具有独立关系，则称这一组方案为层混型方案。层混型方案在结构上又可组织成两种形式。

在一组独立方案中，每个独立方案下又有若干个互斥方案，如图 5-4 所示。

在一组互斥多方案中，每个互斥方案下又有若干个独立方案，如图 5-5 所示。

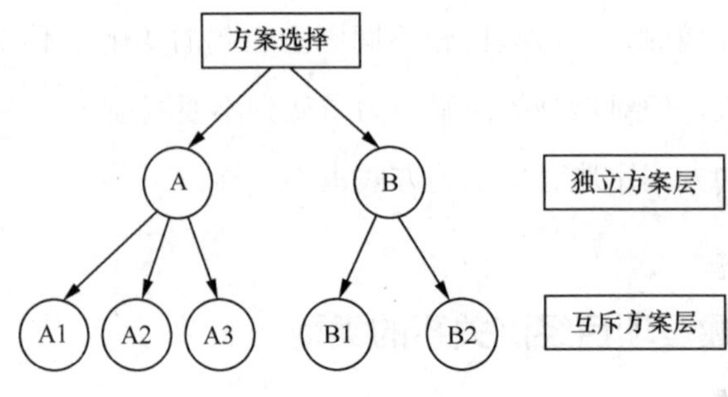

图 5-4 方案经济关系一

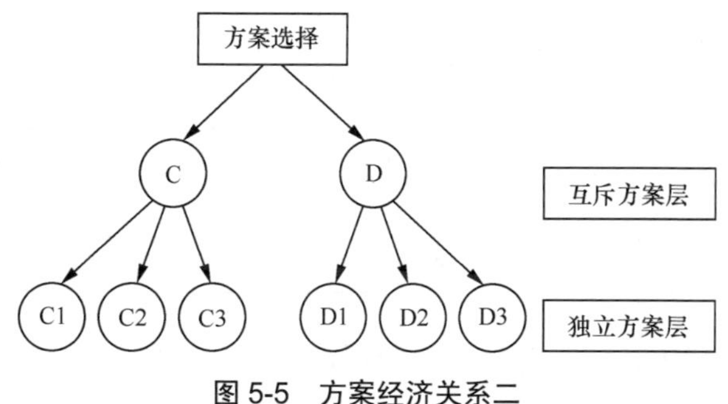

图 5-5　方案经济关系二

5.3.2　通信建设项目的比选方法

方案比选的主要方法包括费用净现值法、费用现值法、净年值法、差额内部收益率法等，而净现值法和费用现值法是其中比较常用的方法。

互斥方案经济效果评价的特点是要进行方案比选，不论计算期是否相同，不论使用何种评价指标，都必须满足方案间具有可比性的要求；独立型方案的比选主要用于在资金约束条件下，如何选择一组方案组合，以便获得最大的总体效益；层混型方案一般也是运用于投资组合。如果资金无约束，只要从各独立项目中选择互斥方案中净现值（或净年值）最大的方案加以组合即可；当资源有约束时，可运用西方工程经济学的相关方法，在此不再赘述。

方案比选时一般可根据具体情况选取适宜的方法，下面主要介绍净现值法和费用现值法。

5.3.2.1　净现值法

净现值法是以净现值作为比较指标的比选方法。

评判方法是，在多个互斥方案中，只有通过绝对效果检验的最优方案才是唯一被接受的方案。对于净现值法而言，可表达为净现值大于或等于零且净现值最大的方案为相对最优方案。

【例】互斥方案 A、B、C 净现金流量如下（i_c=10%）。

不同方案的现金流	0	1 ~ 10	净现值（NPV）
A 方案净现金流（万元）	-300	50	6.57
B 方案净现金流（万元）	-200	30	-14.24
C 方案净现金流（万元）	-100	18	9.64

B 方案的 $NPV<0$，绝对效果检验不可行。A、C 方案的 $NPV>0$，C 方案的 NPV 较大，为最优方案。

5.3.2.2 费用现值法

费用现值法是在项目收入难以预计而费用相对比较明确的情况下采用的一种比选方法。这种方法简单明了，在通信建设项目比选时较为常用。

（1）**计算期相同情况**

评判方法：当互斥项目的效益或效果是相同的，这时只要考虑哪个方案的费用最小，就是最好的方案。

【例】互斥方案 A、B、C 具有同样的功能，计算期均为 t=10 年（i_c=10%）。

项目	初始投资（万元）	年经营费（万元）	费用现值（PC）（万元）
A	3000	1800	14060
B	4500	1470	13533
C	5000	1320	13111

$$PC=\text{初始投资}+\text{年经营费}\times(P/A, i_c, t)$$

方案 C 的费用现值最小，为最优方案。

（2）**计算期不同情况**

对计算期不同的的方案，可以选定一个共同的计算期，在此基础上，再用前述计算期相同的方法进行比选。通常有以下两种处理方法。

最小公倍数法（重复方案法）：取各备选方案寿命期的最小公倍数作为方案比选时共同的分析期，即将寿命期短于最小公倍数的方案按原方案重复实施，直到其寿命期等于最小公倍数为止。

最短计算期法（也称研究期法）：根据对未来市场状况和技术发展前景的预测直接取一个合适的共同分析期。一般情况下，取备选方案中最短的寿命期作为共同分析期，这就需要采用适当的方法估算寿命期长于共同分析期的方案在共同分析期末回收的资产余值。

【例】 互斥方案 A、B、C 具有同样的功能，计算期均为 t=10 年（i_c=10%）。

项目	初始投资（万元）	年经营费（万元）	寿命期（年）	费用现值（PC）（万元）
A	300	100	10	914
B	400	50	10	707
C	600	10	5	1000

按照最小公倍数方法，把三个项目的寿命期统一取定为 10 年。

方案 B 的费用现值最小，为最优方案。

5.3.3　通信建设项目比选注意事项

进行方案比较时，为了全面正确地评价被比较方案的相对经济性，必须使各方案具有可比的前提。根据通信建设项目的特点，不同方案的可比条件包括以下几点。

5.3.3.1　参与比较的方案所采用的价格应该是可比的

一切工程用的设备、材料都来自市场，采用市场价格进行比较是有实际意义的，但必须是同一时期的产品价格。如果两个相比较的方案，一个用的是现行价格，另一个是过去的价格，则应将过去的价格换成现行价格才能比较。

5.3.3.2　技术方案提供的使用价值必须是相同的，并且彼此间能互相替代

每一个技术方案都是为了满足生产上的一定需要，包括数量、质量和品种等方面的需要。只有在满足需要上相同的两个方案，才是可以互相替代的

方案。能够相互替代的方案所产生的社会效能是相同的，因此，也就是可以互比的。

举例来说，本地电话和移动电话的建设方案，是不能互比的。作为电话传输信道，相同容量的光缆线路和微波线路，则可以互替使用和互比，因为它们提供的效能是相同的。不同容量的两个本地电话分局建设方案，两个方案的计算期相同，但如果对市场的满足期不同，也是不能直接互比的。

在实际使用中，很少碰到两个使用价值完全相同的方案。它们有着数量和质量上的差异，表面上看起来是不可比的，但在一定条件下，合理地采用一些转换措施，同样满足相同的社会需要，也是可比的。通信设备性能上的潜在优点，不能作为选优的主要依据，只能作为选优时的参考。

5.3.3.3 不同方案在时间上可比

所谓时间上可比，是指不同技术方案的经济比较应采用相同的计算期作为比较的基础。在现实方案比较中，如果两个方案的计算期不同，则必须进行假设，同时需要考虑假设条件的科学性和合理性。

思考题

1. 通信建设项目经济评价的内容是什么？
2. 通信建设项目财务评价的指标有哪些？每个指标含义如何？
3. 通信建设项目的成本费用包括哪些内容？
4. 通信建设项目的比选方法有哪些？如何使用？

第6章 通信建设项目后评估

6.1 概述

6.1.1 通信建设项目后评估的含义

本章内容介绍的通信建设项目后评估，是指在通信建设项目竣工验收并投入运营一定时间后，运用科学、规范、系统的评价方法与指标，将项目建成后达成的实际效果与项目的可行性研究报告、初步设计（含概算）文件及其审批文件的主要内容进行对比分析，找出差距及原因，总结经验及教训，提出相应的策略建议，并反馈到项目参与各方，形成良性项目参与机制。

通信建设项目后评估首先是一个学习的过程。后评估是在项目投资完成以后，通过对项目目的、执行过程、效益、作用和影响进行全面系统地分析，总结经验教训，使项目的决策者、管理者和建设者获得有效信息，学习到更加科学合理的方法和策略，提高决策、管理和建设水平。其次，后评估又是增强投资活动管理者工作责任心的重要手段。后评估具有透明性和公开性特点，通过对投资活动成绩和失误的主客观原因分析，可以比较公正客观地确定投资决策者、管理者和建设者工作中实际存在的问题，从而进一步提高他们的责任心。最后，后评估主要是为投资决策服务的。虽然后评估对完善已建项目、改进在建项目和指导待建项目有重要的意义，但更重要的是为提高投资决策服务，即通过评估建议的反馈，完善和调整相关方针、政策和管理程序，提高决策者的能力和水平，进而达到提高和改善投资效益的目的。

根据需要，可以针对项目建设（或运行）的某一问题进行专题评估，可以对同类的多个项目进行综合性评估。

由于通信行业全程全网的特点，严格来说通信建设项目并不算是独立的项目。换言之，多数通信项目的产出、成本并不全是因为单一项目产生的，而是整个企业的所有项目和网络运营产生的。所以，对通信企业来说，在进行通信建设项目后评估的同时，对企业的全年或多年的投资进行整体评估，更有利于企业的投资管理提升。据此，在通信企业中引入了总体投资后评估的概念。通信企业总体投资后评估是指，企业在年度投资计划制订前对上一年度（或几个年度）企业投资活动的全面回顾和分析，主要是以年度为单位，对企业总体投资、各大专业网络的投资计划执行情况、投资效益和效果以及投资的持续能力等进行评估，从而发现投资管理中存在的问题，找到问题的根源及解决策略，不断提升投资管理水平。

6.1.2 通信建设项目后评估的任务及原则

6.1.2.1 通信建设项目后评估的任务

通信建设项目后评估一般是由项目的投资决策者或投资者提出并组织，由独立的咨询机构或专家完成。

通信建设项目后评估要完成的任务包括以下几个。

（1）**项目全过程的回顾和总结**

从项目的前期准备到竣工验收，全面系统地总结各个阶段的实施过程、查找问题、分析原因。

（2）**项目效果和效益的分析评估**

对项目的工程技术成果、财务效益、经济效益、环境影响、社会影响等方面进行分析评价，对照项目的可行性研究报告和设计文件的主要指标，找出变化和差距。

（3）**项目目标和持续性评估**

对项目目标的实现程度、项目的持续发展能力、项目的成功度等进行分析评估。

（4）**总结经验教训，提出对策建议**

6.1.2.2　通信建设项目后评估的原则

通信建设项目后评估应遵循国家宏观经济政策和社会、经济、科技协调发展等方面中长期规划的指导，评估中要注重与产业政策和法律法规相符合，与规定的行业和国家的有关参数相符合，还要协调好各建设工程主体的自身利益与行业发展目标、国家宏观经济发展目标之间的关系。一般而言，通信建设项目后评估工作应遵循以下原则。

独立性原则。独立客观性是后评估工作的首要原则。独立性是指评估工作不受项目决策者、管理者、执行者和前评价人员的干扰，这是后评估工作的公正性和客观性的重要保证。后评估工作的开展既要有独立性，又要注重客观性，即后评估的结论必须客观地反映决策、管理和项目实施的实际状况，否则，很难达到预期目的，有时还会掩盖问题，产生负面效应。

可信性原则。可信性的一个重要标志是评估报告应同时反映出项目的成功经验和失败教训，这就要求评价者具有广泛的阅历和丰富的经验。同时，可信性还取决于资料信息的可靠性和评价方法的适用性。

实用性原则。为了实现后评估报告对决策的指导作用，后评估报告必须具有可操作性亦即实用性。报告所提的建议最好与报告其他内容分开表述，应能提出具体的措施和要求。

现实性原则。后评估要针对项目的实际情况，收集项目实施过程中实际产生的真实数据，把项目建设实施的结果与规划的目标相比较，和国内外同期、同类项目相比较，这样才能发现问题和差距，判断决策实施是否正确，衡量项目成败，以便于采取进一步的对策措施。

反馈性原则。和项目前评估相比，后评估的最大特点是信息的反馈。后评估的最终目标是将评估结果反馈到决策部门，作为其他新项目立项和评估的参考和调整投资规划和政策的依据。

合作性原则。项目后评估工作涉及范围广、人员多，需要各方面的组织机构和有关人员的通力合作，因此，合作性也是后评估的一个重要原则。

6.2 通信建设项目后评估的内容

6.2.1 项目的目标后评估

在通信建设项目后评估中，目标后评估的主要工作内容是对照项目可研和设计中关于项目目标的论述，分析是否达到预定的目标，达到预定目标的程度，与预定的目标产生偏离的原因是什么。在项目以后的运行中，应采取哪些措施和对策，以保证达到或接近预定的目标和目的。目标后评估主要是通过变化原因及合理性分析，及时总结经验教训，为续建和新建项目提供参考和借鉴。

项目目标一般是用定量指标加以描述，难以用定量指标表述的，也可用定性指标描述。通信建设项目的目标评估框架，通常见表 6-1。

表 6-1　通信建设项目的目标评估的框架

目标评估分析层	目标评估操作层
业务发展目标偏离分析	用户规模偏离分析
	业务量偏离分析
网络发展目标偏离分析	网络建设规模偏离分析
	网络业务量偏离分析
	网络利用率
	网络覆盖范围
	功能开通率
	网络质量改善
风险预测偏离分析	政策风险
	技术风险
	市场风险
	财务风险
收益目标偏离分析	收入预测偏离分析
	收入结构预测偏离分析
进度目标偏离分析	项目投资偏离分析
	项目进度偏离分析

对于不同专业的通信建设项目，在目标评估的具体指标体系上会有所差别。

6.2.2　项目的过程后评估

通信建设项目的过程后评估实质上就是对项目投资整个生命周期的回顾，评估内容涵盖项目计划及立项决策阶段、项目准备阶段、项目的执行实施（进度、投资和质量的跟踪及控制）以及项目竣工运营阶段（技术水平、设计能力、经营和财务状况等）。评估的主要目的是对项目运转的各个环节进行重新梳理和总结，借以发现其中存在的问题，找出影响项目成败的关键点，并在此基础上总结教训、积累经验，以便为今后类似项目的决策和管理提供参考指导。

6.2.2.1 项目决策阶段

项目决策阶段的后评估主要包括以下内容。

（1）项目可行性研究单位资质审查是否合格，可行性研究委托方式是否合理。

（2）项目审批依据是否充分，项目可行性研究在开展时间、研究内容和深度上是否符合国家和行业的有关规定，是否满足建设单位的要求。

（3）项目决策程序是否合理，项目可研报告编制完成后，是否经过专家组评审。

6.2.2.2 项目准备阶段

项目准备阶段评估主要包括以下内容。

（1）**准备工作评估**

指施工图设计的主要内容，以及施工图设计审查意见的执行情况。

包括各阶段与可行性研究报告相比的主要变化和原因分析。根据项目设计完成情况，可选取包括初步设计、施工图设计等各设计阶段与可行性研究报告相比的主要变化，并进行原因分析。对比的内容可以包括工程规模、主要技术标准、主要技术方案及运营管理方案、工程投资、建设工期。

（2）**勘察设计工作评估**

设计的委托方和被委托方是否按要求签订了合同，合同的内容是否符合相关规定；设计的质量是否符合要求，设计依据、标准、规范等是否符合国家和行业相关规定，是否满足建设单位和施工单位的实际需要。

（3）**委托施工评估**

委托施工的程序是否规范；施工合同内容是否规范，双方职责是否明确；采购、招投标是否按照公司设备采购流程实施招投标，整个项目采购投标程序是否合理、规范，体现了公开、公平和公正的原则。

（4）征地拆迁工作评估

对于局房土建项目，需要进行征地拆迁工作评价。通信局房的局址选择是否考虑城市规划，征地时是否得到地方政府建设主管部门的同意和立项批复；局址选择是否与网络布局的需求及业务量分布情况相匹配；局址选择是否有安全的环境。

（5）资金落实情况评估

自筹资金来源是否正当，是否存在资金挪用现象；银行贷款落实情况如何；资金总体落实情况如何，是否能够满足工程建设需要。

6.2.2.3　项目实施阶段

项目实施阶段的后评估包括内容如下。

（1）项目开工程序执行情况评估

项目开工手续落实情况，实际开工时间，存在问题及其评价。

（2）项目组织与管理评估

针对项目的特点，分别对项目管理主体及组织机构的适宜性、管理有效性、管理模式合理性、管理制度的完备性以及管理效率进行评价。

（3）合同执行与管理评估

主要合同的执行情况；合同重大变更、违约情况及原因分析。

（4）项目控制管理评估

包括进度控制管理、质量控制管理、投资控制管理。

有无重大工程质量事故，如有，应计算工程质量事故造成的损失并分析原因；项目实施后对网络质量是否有改善，是否达到预期的改善目标。

（5）变更设计情况评估

在项目实施中是否有发生设计变更？如有变更，原因是什么？项目变更对项目建设的有何实际影响。

（6）项目竣工评估

项目竣工验收程序是否符合国家有关规定，是否存在先使用后验收或验收后长期不办理交付使用手续的情况；项目竣工验收标准是否符合国家和行业的有关规定。

（7）**项目运行情况评估**

对项目运行的情况进行评估，以评价项目整体的运行质量。

6.2.3 项目的效果和效益后评估

6.2.3.1 项目技术方案评估

是否进行多方案比较后选择了最优方案；是否符合各阶段批复意见；技术方案是否经济合理、可操作性强；设备配备、工艺、功能布局是否满足运营需求；辅助配套设施是否齐全。

6.2.3.2 项目财务及经济效益评估

（1）**投资评估**

竣工决算与可研报告的投资对比分析评估，主要包括工程建设投资总额、分年度工程建设投资、建设期贷款利息等其他投资。

（2）**资金筹措评估**

资金筹措与可研报告对比分析评估，主要包括资本金比例、资本金筹措、贷款资金筹措等。

（3）**财务评价评估**

主要包括财务评价参数和评价指标。

财务评价后评估是通信建设项目后评估的重要组成部分，通常是从财务角度出发，计算项目的财务盈利，以此判断项目财务效益的高低，有时也通过单位网元收入等指标分析对企业整体绩效的影响。

项目财务效益后评估的研究与实践，基本上是基于项目财务评价的方法和指标，不同之处在于取用的数据不同，项目财务评价主要以项目前期基础数据和同类项目的数据作为评价依据，而项目效益后评估则使用后评估时点以前的实际数据作为评价依据。

财务效益后评估是从项目角度出发，根据后评估时点以前项目运营的实际财务数据，如运营成本、运营收入等，计算项目投产后实际的财务费用和财务效益，并与前评价中预测的盈利能力等财务效益指标进行对比，分析两者偏离的原因，并预测整个项目周期内将要发生的财务效益和费用，作为判断项目财务效益成败的依据。

在财务效益后评估中要紧密结合项目实际运营阶段的投资、收入、成本等相关数据，对可行性研究报告中相对应的数据进行修正，并对后期项目的收益重新进行预测。此外，收入、成本等预测方法可以参考可行性研究报告的相关方法，但对其不合理之处应加以修正或重新采用另外科学合理的方法，在此基础上重新计算项目的效益。项目效益指标主要有内部收益率、投资回收期、净现值、总投资收益率等。重新计算的项目效益指标一方面可以与该项目可行性研究报告中的相关指标进行对比；另一方面可以与类似省份同类项目、相关专业项目的指标进行对比，从而发现该项目存在的问题并寻找解决的方法。

在通信建设项目后评估中，财务效益后评估是一个难点。首先，由于通信项目全程全网的特点，评估对象可能严格来说不算是独立的项目，换言之，多数通信项目的产出、成本并不全是由单一项目产生的，而是整个企业的所有项目和网络运营产生的。这就涉及收入分摊和投资分摊的问题，分摊的原则和比例一直都是通信建设项目财务评价和评估的难点。另外，对于局房、传输、IT 支撑专业的项目来说，项目本身并不直接满足客户的需求，而是以其他网络为支撑需求，所以不产生直接的效益，如何评价这类项目的财务效益也是个难题。

在实际操作中，要根据项目的具体情况采取不同的方法，评估不同的内容。例如，对于传输网项目，可采用方案比较的方式，计算自建方案和租用方案的累计费用现值，累计费用现值低的在经济上优于累计费用现值高的方案。对于支撑网项目，由于不直接产生经济效益，所以很难通过现有的统计数据进行量化效益评估。若要判断此类项目所带来的效益，可通过问卷调研等方式，从管理水平提升、市场反应能力提升、成本降低等方面进行分析评估。对于局房土建类项目，其效益评估主要是进行租赁、购买、自建等建设模式的比较，对同一项目的租、购、建费用采用对比方法进行分析评估。

6.2.4 项目的影响后评估

通信项目的影响后评估，主要分析对企业内部环境的影响和对外部环境的影响。

6.2.4.1 对企业内部的影响

主要体现在项目建设是否保持了企业规模与市场地位；是否降低了企业的风险，利于持续稳定发展；是否为其他网络建设及业务开展进行了储备；是否改善了网络质量，使得话音质量、接通率、掉话率、切换成功率等各项指标优化。

6.2.4.2 对外部环境的影响

对企业外部环境的影响主要体现在项目的建设是否可为用户提供更好的服务；是否有利于行业的发展等。

6.2.5 项目的持续性后评估

持续性后评估主要从项目自身的持续性与项目的建设对企业影响的持续性两个角度进行分析。

6.2.5.1 项目自身的持续性

项目自身的持续性评估主要包括以下几点。

网络的持续性，指网络结构是否稳定、安全，骨干节点的分布是否均匀、合理；系统设备、接口、业务等的规范性；系统和网络结构的可扩展性；技术的平滑演进性；业务发展持续性，指网络承载业务所处的生命周期，分析其用户、业务量、收入的增长趋势。

6.2.5.2　项目对企业影响的持续性

项目对企业影响的持续性评估，主要是评估该项目的建设是否能在未来较长一段时间内仍能给企业带来收益，从而使得投资效益得到保障。

本节内容阐述了通信建设项目后评估完整的分析框架和分析内容。对于大型和复杂项目的后评估，原则上应按照上述框架，进行全面、完整、系统的评估；对于一般项目，可按照后评估委托方的具体评估要求，结合项目特点，对部分内容做量化重点评估，其他内容做简单分析评估。

6.3　通信建设项目后评估的常用方法

6.3.1　逻辑框架法

6.3.1.1　基本概念

逻辑框架法是美国国际开发署在 1970 年开发并使用的一种设计、计划和评价的工具，目前已有三分之二的国际组织把逻辑框架法作为援助项目的计划、管理和评价的主要方法。

逻辑框架法是一种综合、系统地研究和分析问题的思维框架，有助于对关键因素和问题做出系统的分析。该方法将几个内容相关、必须同步考虑的动态因素组合起来，通过分析相互间的关系，从设计策划、目标确定等方面评价一项活动或工作。

逻辑框架法的核心概念是事物层次间的因果逻辑关系，即“如果”提供了某种外部条件，“那么”就会产生某种结果，这些条件包括事物的内在因素和事物所需的外部条件。

逻辑框架法是一种从投入、产出、直接目的、宏观影响 4 个层面对项目进行分析和总结的综合评估方法。该方法主要通过逻辑框架表的模式评估项目的实施情况，并通过分析指标之间的差异找出造成这种差异的原因，从而对项目的实施情况和管理能力做出客观评估。逻辑框架的模式见表 6-2。

表 6-2　逻辑框架的模式

层次描述	客观验证指标	验证方法	重要外部条件
目标 / 影响	目标指标	监测和监督手段及方法	实现目标的主要条件
目的 / 作用	目的指标	监测和监督手段及方法	实现目的的主要条件
产出 / 结果	产出物定量指标	监测和监督手段及方法	实现产出的主要条件
投入 / 措施	投入物定量指标	监测和监督手段及方法	落实投入的主要条件

应用逻辑框架法进行策划和评价的一项主要任务，就是对项目最初确定的目标做出清晰的定义。因此，在做逻辑框架分析时，应对项目的以下内容进行清晰的描述：清晰并可度量的目标；不同层次的目标和最终目标之间的关系；项目成功与否的测量目标；项目的主要内容；计划和设计时的主要假设条件；检查项目进度的方法；项目实施中要求的资源投入。

6.3.1.2　目标层次和逻辑关系

（1）目标层次

逻辑框架法把目标及因果关系划分为 4 个层次：目标 / 影响、目的 / 作用、产出 / 结果、投入 / 措施。

目标。通常是指高层次的目标，即宏观计划、规划、政策和方针等，该目标可由几个方面的因素实现。宏观目标一般超越了项目的范畴，指国家、地区、部门或投资组织的整体目标以及项目对其可能产生的影响。

目的。目的是指“为什么”要实施这个项目，即项目直接的效果和作用。一般应考虑项目为受益群体带来什么，以及对于社会和经济的意义。

产出。这里的产出是指项目“干了些什么”，即项目的建设内容或投入的产出效应，一般要提供项目可计量的直接结果。

投入和活动。是指项目的实施过程及内容，主要包括资源的投入量和时间等。

（2）垂直逻辑关系

在逻辑框架法中，“垂直逻辑”是用来阐述各层次的目标内容及其上下间的因果关系，如图 6-1 所示。

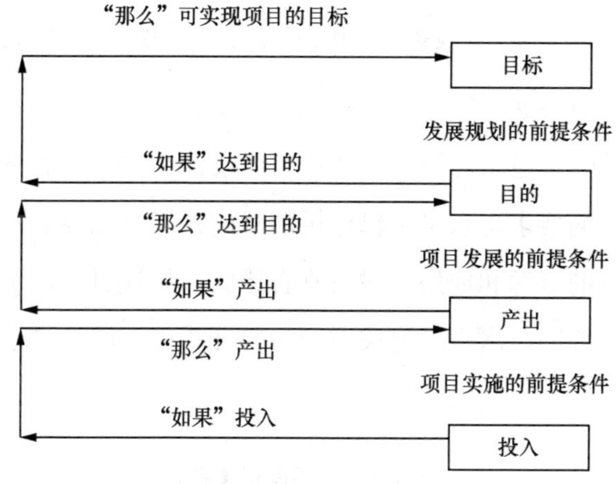

图 6-1　垂直逻辑中的因果关系

自下而上，第一级是如果保证一定的资源投入，并加以很好的管理，则预计有怎样的产出；第二级是项目的产出与社会或经济的直接变化之间的关系；第三级是项目的目的对整个地区甚至更高层次目标的贡献关联性。

逻辑框架的 4 个目标层次之间有一些重要的限制条件，称为假定条件，即必要的外部条件或风险。重要的假定条件是指可能对项目的进展或成果产生影响，而项目管理者又无法控制的外部条件，即风险或限制条件。某数据业务平台项目逻辑框架的假定条件和前提如图 6-2 所示。

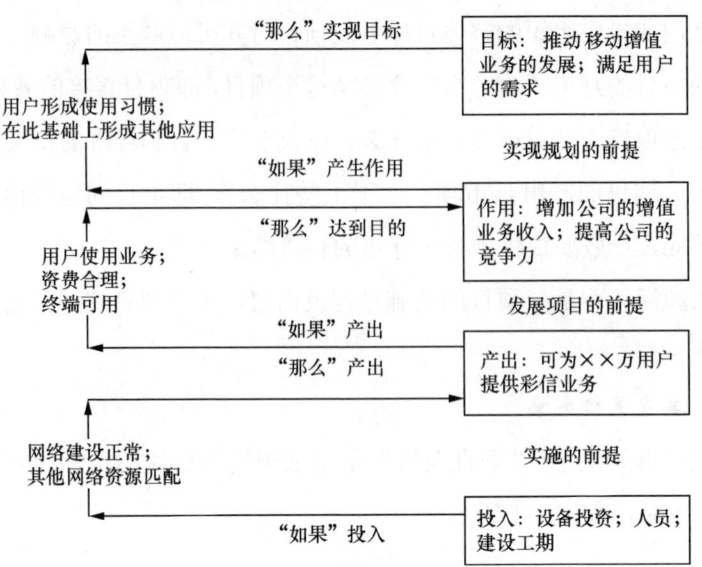

图 6-2　某数据业务平台项目逻辑框架的假定条件和前提

（3）水平逻辑关系

逻辑框架的垂直逻辑分清了评估项目的层次关系，但尚不能满足对项目实施分析和评估的要求。水平逻辑分析的目的是通过主要验证指标和验证方法衡量一个项目的资源和成果。对应垂直逻辑的层次目标，水平逻辑对 4 个层次的结果加以说明，水平逻辑关系则由验证指标、验证方法和重要的假定条件构成。水平逻辑关系见表 6-3。

表 6-3　水平逻辑关系

目标层次	验证指标	验证方法
影响 / 宏观目标	影响的程度	信息来源：文件、官方统计、项目受益者； 采用方法：资料分析、调查研究
作用 / 项目目的	作用的大小	信息来源：项目受益者； 采用方法：调查研究
产出	不同阶段定性和定量的产出	信息来源：项目记录、报告、受益者； 采用方法：资料分析、调查研究
投入	资源的性质、数量、成本、时间	信息来源：项目评估报告、计划、投资者协议文件等

6.3.1.3　逻辑框架法在项目后评估中的应用

在项目后评估过程中，会遇到三个方面的问题：一是项目的原定目标和目的是否达到，目标是否需要调整。二是项目的原定效应是否实现以及实现的程度。三是项目下一步会有什么风险，有多大的风险。相应地，项目后评估也需要通过分析回答上述问题：一是分析评估项目的原定目标和目的是否已经达到以及达到的程度；二是分析评估项目原定的效益是否已经实现以及已经实现的程度，以及项目中的经验教训；三是分析评估项目的可持续性。

项目后评估的逻辑框架基本格式见表 6-4。

表 6-4　项目后评估的逻辑框架应用

项目描述	可客观验证的指标			原因分析		项目持续能力
	原定指标	实现指标	差别或变化	内部原因	外部条件	
项目宏观目标						
项目直接目的						
产出 / 建设内容						
投入 / 活动						

6.3.2　成功度法

6.3.2.1　成功度的概念

项目后评估通常需要对项目的总体成功度进行评价，对照项目立项阶段确定的目标和计划，分析实际实现结果及其差别以评估项目目标的实现程度，得出可信的结论。

所谓成功度评估法，是依靠评估专家或专家组的经验，综合后评估各项指标的评估结果，对项目的成功程度做出的定性结论，也就是通常所称的打分法。在进行成功度评价时，要注意项目原定目标的合理性以及环境变化带来的影响，以便根据实际情况评估项目的成功度。

6.3.2.2 项目成功度的标准

项目评价的成功度可分为 5 个等级：完全成功、基本成功、部分成功、不成功、失败，见表 6-5。

表 6-5 项目的成功度标准

等级		标准
1	完全成功	项目各项目标已全面实现或超过：相对成本而言，项目取得巨大的效益和影响
2	基本成功	项目大部分目标已经实现：相对成本而言，项目达到了预期的效益和影响
3	部分成功	项目实现了原定的部分目标：相对成本而言，项目只取得了一定的效益和影响
4	不成功	项目实现的目标非常有限：相对成本而言，项目几乎没产生什么效益和影响
5	失败	项目目标是不现实的，无法实现：相对成本而言，项目不得不终止

需要说明的是，由于通信建设项目的特殊性，有时目标并不是超过得越多越好。以 GSM 网络扩容为例，某期扩容工程的网络建设规模目标预期满足 300 万净增用户，满足期为一年，结果后评估时发现实际的净增用户规模已达到 450 万，超过目标的 50%。从企业的经济效益角度看是好事，但对本项目来说并不见得是成功的，因为这导致本期工程无法满足市场的需求，会使网络质量下降或不得不再次进行紧急扩容。

6.3.3 对比分析法

对比法是项目后评估方法中经常采用的一种基本方法，包括前后对比、预计和实际对比、有无项目的对比、横向对比等。对比的目的是要找出变化和差距，为提出问题和分析原因找到关键点。

6.3.3.1 前后对比法

在一般情况下，投资活动的前后对比是指项目实施前相关指标与项目实施后同类指标的对比，用以直接估量项目实施的相对成效。在项目后评估中则是指将项目的实际运行情况及运营数据，与项目前期阶段的可行性研究的预测结论以及预期指标相比较，发现存在的偏差，并分析原因。这种对比法简单、易操作，是一种最常用、最基本的方法。

【例 1】对某业务平台项目的后评估，采用前后对比法对业务发展目标进行评估，见表 6-6。

表 6-6 业务发展目标偏离分析

项目	可研预测规模（万户）	实际到达规模（万条）	偏差
用户规模偏离分析	55	59.7	8.6%
业务量偏离分析	1255	1487	18%

【例 2】对某省公司 GSM 扩容可研工程的后评估。在后评估报告中，对比可研中各项指标，基于企业实际建设运营情况进行调整并重新计算该项目的投资效益。项目建设调整内容见表 6-7。

表 6-7 项目建设调整内容

调整项目	调整内容
项目建设情况	根据实际情况进行调整
项目投资	按实际投资
项目收入	结合本项目的建设而新增的网络能力以及单位网络能力给企业带来的收入来预测
项目成本：职工福利费	占工资总额由 14% 调整为 9%
折旧	2005 年投资均按 7 年计算折旧，2006 年按新的折旧调整办法规定，GSM 无线及其配套按 5 年计算折旧，其他仍按 7 年折旧
修理费	由固定资产的 2% 调整为 3%

在以上调整的基础上，本项目的主要财务评估指标经计算结果见表 6-8。

表 6-8　项目主要财务评估指标

类别	名称	可研预计	后评估报告预计
静态指标	投资回收期（年）	4.94	3.69
动态指标	内部收益率	19.27%	27.57%
	财务净现值（万元）	39901.7	36180.49

通过表 6-8 可以看出，该工程的内部收益率高于可研预测，投资回收期也缩短了一年多的时间。究其原因，一是项目实际投资低于可研预测；二是项目实际收入高于可研预测；三是由于公司在 2006 年对部分资产的折旧年限进行了调整，使得本报告预测的成本与可研存在偏差。在以上三个因素的共同影响下，造成本报告预测项目的内部收益率高于可研预测，项目的投资回收期也缩短了一年多的时间。

6.3.3.2　有无对比法

有无对比法是指在项目周期内“有项目（实施项目）”相关指标的实际值与“无项目（不实施项目）”相关指标的预测值对比，用以度量项目真实的效益、作用和影响。该方法的关键是要求投入的代价和产出的效果口径一致，也就是说，所度量的效果要真正归因于项目。这种对比法的关键是，要分清项目本身的作用和影响，与项目以外因素的作用和影响。

6.3.3.3　横向对比法

横向对比法是指将本项目的某些指标与同一行业内类似项目的相关指标进行对比，用以评价企业（项目）的绩效或竞争力。

【例 1】对 A 公司的城域传送网项目进行后评估。在影响后评估的外部环境影响分析中，评估网络安全性时采用了与竞争对手 B 公司的横向对比分析。网络安全性的指标设置有支链平均节点数、平均环路节点数和成环率。二者的对比见表 6-9。

表 6-9　A 公司和 B 公司城域传送网项目对比分析

区域	A 公司			B 公司		
	成环率	支链平均节点数（个）	平均环路节点数（个）	成环率	支链平均节点数（个）	平均环路节点数（个）
市区	73%	1.13	5.75	65%	1.27	5.4
郊区	80%	1.04	6.00	71%	1.13	8.3
全区	77%	1.09	5.89	68%	1.20	6.5

通过对比分析可以看出，A 公司的城域传送网的成环率、支链平均节点数、平均环路节点数等主要安全性指标均优于 B 公司。

【例 2】同上例。在持续性后评估中，采用横向对比法分析网络的电路利用率指标见表 6-10。

表 6-10　电路利用率对比分析

公司	环数量超过 50%（个）	环数量低于 20%（个）
A 公司	2	9
B 公司	4	3

B 公司的城域传送网接入层利用率平均为 40%，且利用率较为平均；A 公司的接入层利用率平均为 29%，且差异较大，说明电路需求的地域不均衡性较大。此外，通过电路利用率对比还可以看出两公司在战略定位上的差异：A 以移动业务为主，因此，环路利用率较低；而 B 公司更注重全业务的发展，其数据业务电路需求相对更多，因此，其环路利用率更高。上述分析说明 A 公司的城域传送网现状不能够支撑未来全业务的发展。

6.3.4　因果分析法

6.3.4.1　因果分析法的概念

在项目后评估时，为了及时发现问题、分析问题，提出解决问题的对策、措施和建议，需要运用一定的方式方法，对项目建设时期的预期情况和后期实际运营情况发生的变化进行因果分析，对造成变化的原因逐一进行剖析，分清主次及轻重关系，以便于总结经验教训，提出改进措施和建议，此方法即因果分析法。

6.3.4.2 因果分析法的对象

（1）**对投资项目管理法规及程序的执行情况的分析**

主要针对建设项目是否按照国家有关规定程序进行项目立项决策、勘察设计、资金筹措、项目招投标、施工组织管理、工程监理、竣工验收等环节进行分析。

（2）**对投资项目建设实施执行情况的分析**

① 设计方案变化；

② 工期变化；

③ 资金来源及融资方式的变化；

④ 项目总投资及单项工程投资变化；

⑤ 工程建设规模的变化；

⑥ 设施及设备技术标准的变化；

⑦ 设备采购方式的变化；

⑧ 技术设备引进及人员培训方式的变化。

（3）**对经营方式及经济效益指标的分析**

① 项目投产后的销售量（用户数、业务量）与前期工作阶段预测值的差距及变化；

② 项目运营成本的变化分析；

③ 项目财务效益指标的变化分析。

在评估一个建设项目时，往往由于若干因素的共同作用，在项目的建设实施、运营管理过程中，实际指标与前评估阶段预期的目标产生一定的差距。在这些复杂的原因中，有主要的、关键的原因，也有次要的或一般的原因。在项目后评估过程中分析原因时，不能对这些原因泛泛地一概而论，应从这些复杂的原因中找出使指标产生变化真正起关键作用的原因。

6.3.5　后评估方法的应用

由于不同的后评估方法侧重不同，且评估的难易程度也有很大差异，因此要针对不同的项目选择相应的方法，或者几种方法综合使用。

逻辑框架法从本质上说是一种思维辅助模式，在通信建设项目后评估中，通常利用逻辑框架法构建项目后评估的指标体系，按照项目逻辑框架架构，从项目的投入、产出、直接目的三个层次出发，将各层次的目标进行分解，并落实到各项具体指标中。

成功度法多用于评估所需指标数据不容易得到的项目；此外，对于过程后评估，由于很难提出可量化的指标，也多采用成功度法。

因果分析法适用于剖析偏差和变化的原因，在项目后评估各个环节中的应用也较为广泛。

对比分析法是通信建设项目后评估最基本、最常用的方法，在可量化的目标后评估中通常采用的都是对比分析法。在项目后评估中应根据不同情况，对项目立项、项目评估、初步设计、合同签订、开工报告、概算调整、完工投产、竣工验收等项目周期中各个环节的指标值进行比较，特别应分析比较项目立项与完工投产（或竣工验收）两个环节指标值的变化，并分析变化原因。另外，对比分析法也经常应用于财务效益后评估、影响后评估和持续性后评估之中。

6.4　通信建设项目后评估的实施

6.4.1　通信建设项目后评估的实施程序

对于项目委托方来说，项目后评估的实施程序通常是：制定后评估计划；选定后评估项目；下达后评估任务；选定后评估单位；验收后评估报告和反馈后评估信息。

对于后评估实施单位来说，项目后评估的工作程序通常是：接受后评估任务；成立项目组；设计评估指标体系；收集资料、开展调研；分析资料，形成报告；提交后评估报告、反馈信息。

6.4.2 后评估项目的选定

通信项目后评估是项目周期的一个环节，是项目决策管理不可缺少的重要手段，从这个角度来说，所有的通信工程项目都应该进行后评估，但考虑到时间和人力成本，可考虑对一些具有代表性和特别性的项目进行完整的后评估，对其他项目可根据项目本身的特点选取某几个方面进行重点评估。

对以下这些项目可进行完整的后评估。

（1）非常规项目，如建设规模大、建设内容复杂或带有试验性质的新技术项目；

（2）迫切需要了解项目作用和影响的项目；

（3）发生了重大变化的项目，如建设内容、外部环境等发生了重大变化的项目；

（4）某专业采用某种新技术的首例项目；

（5）特别成功或特别不成功的项目；

（6）重大技术改造或技术创新项目。

6.4.3 通信建设项目后评估时点的确定

对于项目后评估的起始时间有两种观点。

传统观点认为，按照项目周期的理论和项目建设的程序，项目后评估应在项目建成投产、竣工验收以后一段时间，项目效益和影响逐步显现出来的时候进行，评估内容是，对照项目立项决策、设计的要求，分析项目实施过程的成绩和问题，评价项目的效果、效益、作用及影响，判断项目目标的实现程度，总结经验教训，为指导拟建项目、调整在建项目、完善已建项目提出建议。

另一种观点认为，传统的项目后评估定义的范围有些狭窄，已不适应项目后评估的需要，原因是等到项目竣工验收以后再进行后评估有许多困难，一是数据收集困难，二是事后评价对被评价项目本身建设起不到指导作用。因此，该观点认为后评估时点应向前延伸，即在项目开工之后到项目竣工验收的一段时间内选取某个时点实施项目后评估。

按照上述两种观点，从时点前后角度，项目后评估又可分为项目事后评估和项目中间评估。项目事后评估是指对已完工项目进行全面系统的评估，项目中间评估是指从项目开工到竣工验收前的阶段性评估。

通常，通信建设项目后评估是在项目建成并竣工验收之后的某个时期进行的，所以属于事后评估范畴。由于通信项目基本都是经营性项目，而且目前多数通信项目的满足期是 1 ～ 2 年，所以项目后评估一般宜在项目投产运营以后进行。

6.4.4 后评估指标和指标体系的设置

指标和指标体系的设置是进行通信项目后评估工作的基础，指标选取是否科学、指标体系设置是否合理，直接关系到项目后评估的成败。

6.4.4.1 项目目标与评估指标的关系

开展后评估工作，首先要明确评估目的，在确定评估目的之后，将其分解为一个或几个评价目标，然后根据每个评价目标的属性，逐步细化分解并设置不同的评价指标。

6.4.4.2 后评估指标体系设置原则

建立后评估指标体系，应遵循以下原则。

（1）**系统性原则**

后评估工作是一项系统工程，要从整体角度，结合项目的具体目标以及项目产生的影响设置评估指标体系。评估指标体系应能全面反映项目从准备阶段到正常运营全过程的状况，反映项目产生的影响。不仅要设置反映项目效益方面的指标，还要设置反映项目设计、施工等方面的指标。

（2）**可行性原则**

可行性原则是指评估指标的实用性和可操作性。评估指标体系的建立要反映项目的特点，评估指标应少而精，要既能说明问题，又便于进行定性和定量的分析比较。定量指标应尽量利用现有数据和已有规范标准，以便于数据的收集和分析。此外，为确保指标具有可比性，所设指标与项目前期工作阶段和项目实施阶段的有关指标前后应保持一致。

（3）**独立性原则**

在后评估指标体系的构建过程中，应尽可能减少各指标间的关联度，避免数据的冗余，减少指标之间的交叉，纵向做到层次分析，横向做到类别清晰。

6.4.5 通信建设项目后评估的调研

对项目实施的全过程进行充分、细致的调研，是做好项目后评估必不可少的基础工作。可按项目实施执行顺序，分别对项目筹建、项目建设、项目运营和项目效益 4 个方面进行调研。

6.4.5.1 项目前期准备及审批情况调查

（1）**项目提出的背景**

主要是了解建设项目提出的背景，预期要实现的目标，如为满足业务增长需要，为满足网络扩容需求提高网络质量，为提供某些新业务和新功能，为满足未来竞争需要而进行战略投资等。

（2）**项目审批情况**

主要调研了解项目建议书、项目可行性研究报告的批复情况，有关部门评估审查报告及相关意见。

（3）**项目基本情况**

主要了解项目的建设内容、建设规模、建设投资、项目计划工期、项目实际工期，以及项目中存在的问题。

6.4.5.2　项目建设实施情况调查

（1）**勘察设计和工程实施**

主要了解设计文件、开工报告、招投标文件、主要合同、工程概算调整报告、监理报告及其相关文件的批复文件。

（2）**项目竣工验收情况**

主要调查了解工程竣工验收报告，交付验收中存在的问题。

6.4.5.3　项目运营情况调查

（1）**项目运营情况**

工程交付使用后的网络质量情况、网络利用率情况以及运营中出现的问题。

（2）**承载业务情况**

主要调查了解网络所承载业务的市场发展情况，包括用户增长、业务量增长、业务竞争力等。

6.4.5.4　项目效益情况调查

（1）**财务效益情况**

主要了解项目为企业带来的直接或间接的经济效益。

（2）**外部影响情况**

主要了解项目的实施对用户的影响、对行业的影响以及对其他行业发展的影响。

6.4.6 通信项目后评估报告的框架格式

根据项目委托方要求和被评估项目的特点，通信项目后评估报告的内容会有所侧重。通常，通信项目后评估报告的框架格式如下。

6.4.6.1 项目概况

（1）项目背景

（2）项目建设规模和建设内容

（3）生产运营现状

6.4.6.2 项目后评估

（1）后评估指标体系

（2）目标评估

（3）过程评估

（4）效益评估

（5）影响评估

（6）持续性评估

6.4.6.3 结论和建议

（1）综合评估结论

（2）建议和措施

思考题

1. 通信建设项目后评估的目的、原则是什么？
2. 通信建设项目后评估包含哪几方面的内容？
3. 通信建设后评估的常用方法有哪些？
4. 实施通信建设项目后评估要调研的内容包括哪些？